ANDREA SCHWARZ

Die Bibel entdecken
in 25 Schritten

ANDREA SCHWARZ

Die Bibel entdecken

in 25 Schritten

Neu bearbeitet in Zusammenarbeit
mit dem Bibelwerk Linz
durch Franz Kogler und Ingrid Penner

FREIBURG · BASEL · WIEN

Der Bibel-Einstiegstest

Falls Sie noch zögern sollten, ob dieses Buch zu Ihnen passt – machen Sie den Einstiegstest! (Zutreffendes bitte ankreuzen!)

Sie haben zwar eine Bibel zu Hause, haben aber noch nie hineingeschaut.

☐ ja ☐ weiß nicht ☐ nein

Man muss nichts von der Bibel wissen, um die 32.000-Euro-Frage bei Günther Jauch beantworten zu können.

☐ ja ☐ weiß nicht ☐ nein

Mag ja sein, dass die Bibel für manche Leute interessant ist, aber das ist alles so grausam und frauenfeindlich.

☐ ja ☐ weiß nicht ☐ nein

Die Bibel ist nichts für mich, sondern nur etwas für die ganz Frommen.

☐ ja ☐ weiß nicht ☐ nein

Wenn ich das Wort »Bibel« nur höre, schalte ich schon ab.

☐ ja ☐ weiß nicht ☐ nein

Die Geschichten in der Bibel sind ja doch nur Märchen.

☐ ja ☐ weiß nicht ☐ nein

Ich brauche die Bibel nicht, um leben zu können.

☐ ja ☐ weiß nicht ☐ nein

Manchmal hätte ich ja schon die eine oder andere Frage – aber ich habe niemanden, dem ich sie stellen kann.

☐ ja ☐ weiß nicht ☐ nein

Wenn mir jemand das eine oder andere erklären würde, wäre ich zumindest bereit, einmal zuzuhören.

☐ ja ☐ weiß nicht ☐ nein

Bitte zählen Sie jeweils Ihre Antworten zusammen.
Das Ergebnis dieses Tests finden Sie, wenn Sie umblättern.

Ergebnis des Einstiegstests

Sie haben überwiegend mit »ja« geantwortet:
Herzlichen Glückwunsch! Sie sind die ideale Leserin beziehungsweise der ideale Leser für dieses Buch! Sie wissen immerhin, was eine Bibel ist, haben das Buch nach der zweiten Frage nicht verärgert zur Seite gelegt, haben gewisse Meinungen zur Bibel, wären aber eventuell zum Zuhören bereit. Falls Sie noch nicht ganz genau wissen, ob Sie das Geld oder die Zeit dafür investieren wollen, bleiben Sie am besten unauffällig in der Buchhandlung stehen und blättern noch ein wenig in diesem Buch herum.

Sie haben überwiegend mit »weiß nicht« geantwortet:
Herzlichen Glückwunsch! Sie sind der ideale Leser für dieses Buch! Sie sind offen genug für neue Informationen und Anregungen, weil Sie sich noch nicht festgelegt haben. Allerdings: Sie könnten auch so offen sein, dass Sie möglicherweise das Buch kaufen, aber dann doch nicht lesen, weil Sie vielleicht anschließend auf die eine oder andere Frage mit »ja« oder »nein« antworten müssten. Wäre das wirklich so schlimm?

❧ Die Heilige Schrift ist ein Fluss,
in dem ein Elefant schwimmen muss
und ein Lamm gehen kann.

Martin Luther (1483–1546), deutscher Theologe und Reformator

Sie haben überwiegend mit »nein« geantwortet:
Herzlichen Glückwunsch! Sie sind der ideale Leser für dieses Buch! Ihr »Nein« könnte jetzt aus zwei ganz verschiedenen Quellen stammen: Entweder haben Sie sich schon ein wenig mit der Bibel beschäftigt und sind zumindest interessiert – oder Sie lehnen kategorisch alles ab, was mit Religion zu tun hat. Letzteres kann aber kaum sein, denn zum einen haben Sie trotz des Titels nach dem Buch gegriffen und zum anderen lesen Sie jetzt immer noch darin. Für beide Fälle gilt: Schaden kann es eigentlich nicht, wenn man nach dem Lesen dieses Buches ein bisschen überzeugter »nein« sagen kann – oder?

Was Sie zu Ihrem Testergebnis sagen, weiß ich natürlich nicht.

Wer die Bibel befragen würde, könnte vielleicht den Satz finden: »So sei euer Wort: Euer Ja sei ein Ja, euer Nein ein Nein.« (Mt 5,37) – und das wäre eine erste, noch ganz unverbindliche Aussage über die Bibel: Sie lädt dazu ein, sich zu entscheiden. Um sich entscheiden zu können, braucht man Informationen – das ist mit der Bibel nicht anders als in der Politik. Und sich ganz unverbindlich einmal zu informieren, das nimmt ja Ihre persönliche Entscheidung nicht vorweg. Sich zu informieren, dazu sind Sie mit diesem Buch eingeladen, egal, ob Sie überwiegend mit »ja«, »nein« oder »weiß nicht« geantwortet haben.

Ich verspreche Ihnen einen spannenden Weg! Lassen Sie sich einladen und kommen Sie mit!

Ein (etwas ernsthafteres) Vorwort

Lieber Leser, liebe Leserin,

die Bibel gehört zu den ältesten Kulturgütern unserer Welt, ist das Buch, das am häufigsten übersetzt wurde – und das nach 2500 Jahren im jüdischen und christlichen Glauben immer noch lebendig ist. Das heißt: Menschen richten ihr Leben danach aus, die uralten Texte werden immer noch in Gottesdiensten gelesen und es wird darüber mal mehr, mal weniger gut, gepredigt.

Die Bibel gehört damit zum »Weltkulturerbe« der Menschheit – wie sonst sollte man Texte bezeichnen, die Jahrtausende überdauern? Der christliche Glaube und die biblischen Erzählungen haben Kultur und Leben in unserer heutigen Welt maßgeblich geprägt – und ohne sie kann man zum Beispiel die eigentliche Botschaft der Kathedrale von Chartres nicht verstehen. In viele aktuelle Diskussionen, sei es der Gottesbezug in der europäischen Verfassung, die pränatale Diagnostik oder die Sterbehilfe fließen Argumente ein, die vom christlichen Glauben geprägt sind. *Richard von Weizsäcker* (*1920), ehemaliger Bundespräsident der Bundesrepublik Deutschland, sagte sogar: »Ich kann mir humane Politik nur mit der Bergpredigt vorstellen« – und die Bergpredigt ist einer der zentralen biblischen Texte im Neuen Testament.

Jedem anderen »Weltkulturerbe«, das so alt ist, wird eine entsprechende Wertschätzung entgegengebracht – und kaum einem anderen »Weltkulturerbe« stehen so viele Vorurteile entgegen wie der Bibel: »Die Bibel ist grausam und frauenfeindlich!«, »Damit kann ich nichts anfangen!« und »Das hilft mir nicht zum Leben!«

Wirklich? Glauben Sie ehrlich, dass da Texte 2500 Jahre lang einfach so weitergegeben worden wären, wenn Menschen darin nicht etwas gefunden hätten, was ihnen zum Leben hilft? Hätte ein Buch einen so langen Zeitraum überdauert, wenn es nicht irgendwie wichtig und hilfreich zum Leben wäre?

Was unwichtig ist, das verschwindet irgendwann von selbst. Ob sich in 2000 Jahren noch jemand an diesen oder jenen Schlagersänger oder Fußballspieler erinnern wird, das bezweifle ich nun wirklich – auch wenn er in diesen Tagen die Schlagzeilen der Zeitungen beherrscht.

Allein die Tatsache, dass Menschen heute noch in einem so alten Buch lesen, sagt eigentlich etwas über den Wert dieses Buches aus. Wenn der Inhalt nicht zum Leben taugen würde, wäre es längst im Papiercontainer gelandet.

Ja – man kann ganz gut ohne die Bibel leben, so wie man ohne die Französische Revolution, die Arbeiterbewegung im 19. Jahrhundert oder auch ohne die feministische Bewegung des 20. Jahrhunderts leben kann. Und doch prägt es die Atmosphäre, die Kultur – gerade auch bei uns in Westeuropa. Einige Grundkenntnisse über die Bibel und die christliche Religion gehören eigentlich zum Allgemeinwissen – und deshalb werden in Quizsendungen wie zum Beispiel bei »Wer wird Millionär?« bei *Günther Jauch* auch immer wieder einmal Fragen aus diesem Bereich gestellt.

Man muss kein Christ sein, um die Bibel in die Hand zu nehmen und darin zu lesen. Aber als Christ ist es eigentlich fast schon Pflichtprogramm, sich ein wenig in dem auszukennen, was maßgeblich unseren Glauben prägt.

> ꧁ Ich bin überzeugt und wiederhole es oft, dass es für einen Christen heute schwierig, um nicht zu sagen unmöglich ist, im Glauben zu verharren in einer so schwierigen und komplexen Welt, wie es die unsere ist, wenn jemand nicht auch persönlich aus der Heiligen Schrift Nahrung holt.
>
> Kardinal Carlo M. Martini SJ (1927–2012), Erzbischof von Mailand[1]

Und dann schafft man es endlich und holt das dicke Buch aus dem Regal hervor, schlägt es irgendwo auf, beginnt zu lesen, blättert ein wenig weiter – um es dann enttäuscht wieder zuzuschlagen und ins Regal zurückzustellen. Das soll das »Buch der Bücher« sein? Da versteht man doch nichts ...

Ich könnte jetzt sagen: Na ja, die Bibel ist ja auch ein »heiliges Buch«. Und alles »Heilige«, alles existenziell Wichtige schützt sich auch. Sie lassen ja auch nicht jeden in die tiefsten Geheimnisse Ihres Seelenlebens sofort hineinschauen – und Außenstehende haben in Ihrer Ehe zunächst einmal nichts zu suchen.

Aber wenn Ihnen das mit der Bibel so ginge, dann wäre das wirklich schade – denn irgendwie sind Sie ja vielleicht schon interessiert. Deshalb möchte ich Ihnen etwas anderes vorschlagen: Lassen Sie uns miteinander in diese »Welt der Bibel« gehen. Lassen Sie uns miteinander die Bibel ein wenig erkunden! Manchmal braucht es nur ein paar Tipps und die eine oder andere Information, um etwas zu verstehen. Darf ich Sie einladen zu einem gemeinsamen Weg mit der Bibel?

Klar – eine solche »Wegbegleitung« wird Ihnen nicht die ganze Bibel mit einem Mal erschließen. Das könnte ich auch gar nicht – denn ich habe vieles auch noch nicht verstanden.

༄ Die großen Geheimnisse sind keine Rätsel, für die es eine bestimmte Lösung gibt. Um in sie einzudringen, muss man sich von ihnen verwandeln lassen. Wer dazu nicht bereit oder nicht fähig ist, der wird ins Leere laufen.

Michael Ende (1929–1995), deutscher Schriftsteller[2]

Aber das, was mir wichtig geworden ist, das würde ich gerne mit Ihnen teilen – wenn Sie Lust haben, sich darauf einzulassen.

Aber lassen Sie sich warnen: Es könnte tatsächlich sein, dass Sie Spaß und Interesse an der Bibel bekommen …

Ein herzliches Dankeschön möchte ich an dieser Stelle *Franz Kogler* und *Ingrid Penner* vom Bibelwerk Linz in Österreich sagen. Ihre Initiative gab den Anstoß, dass dieses Buch, das einige Zeit vergriffen war, vom Verlag Herder neu aufgelegt wurde und dabei auch ein »frischeres« Aussehen bekam. Beide haben aus ihrer langjährigen Erfahrung heraus geholfen, das Manuskript behutsam zu bearbeiten und um wertvolle Anregungen, Hinweise, Ideen und Illustrationen zu ergänzen. Für ihre Unterstützung bin ich sehr dankbar!

Aber jetzt lassen Sie uns losgehen – ich glaube, da warten spannende Entdeckungen auf uns!

P.S. Sie können in diesem Buch natürlich einfach nur lesen und herumblättern – aber gedacht ist dieses Buch eigentlich als Werkbuch, also als Buch, in dem und mit dem man auch arbeitet. Das heißt: Ihre Notizen, Unterstreichungen und Fragezeichen gehören eigentlich mit in dieses Buch hinein – oder auch Ihr ganz persönliches, handgeschriebenes Stichwortverzeichnis am Ende des Buches.

Da kam ein Äthiopier, ein Kämmerer, Hofbeamter der Kandake, der Königin der Äthiopier, ihr oberster Schatzmeister. Er war nach Jerusalem gekommen, um anzubeten. Jetzt befand er sich auf dem Heimweg, saß in seinem Wagen und las den Propheten Jesaja. Da sagte der Geist zu Philippus: Geh und folge diesem Wagen! Philippus lief hin und hörte ihn den Propheten Jesaja lesen. Er fragte: Verstehst du auch, was du liest? Er antwortete: Wie sollte ich das können, wenn mich niemand anleitet? Dann lud er Philippus ein, aufzusteigen und bei ihm Platz zu nehmen.

Apostelgeschichte 8,27–31

Inhaltsverzeichnis

Einstiegstest 4
Auswertung 6
Ein (etwas ernsthafteres) Vorwort 8

1. Was ist folgenden Zitaten gemeinsam? 18
2. Die Bibel: Ein »Querschnitt durchs Programm« 20
3. Die Bücher der Bibel 25
4. Wie ist die Bibel entstanden? 29

5. Drei kleine Ausflüge 45
6. Die Bibel – ein »heiliges« Buch? 51
7. Die Freundin des Klosterschülers
   Der Text und seine Überlieferung 54
8. Und was steht jetzt eigentlich da?
   Der Text und seine Übersetzungen 59
9. Ist die Bibel wörtlich zu verstehen?
   Der Text und seine Bedeutungen 62
10. Radikal? – Ja gut, aber die Bibel ist auch grausam
    Schwierigkeiten mit dem Text 79

11. Welche Bibel kaufe ich? *84*
12. Wegweiser durch die Bibelausgaben *90*
13. Wie finde ich Bibelstellen? *93*

14. Die Bibel und mein Leben oder: Was will ich von Gott? *99*
15. Die Botschaft der Befreiung oder: Was will Gott für mich? *101*
16. Von Widersprüchen und Gegensätzen *109*
17. Die Zehn Gebote oder: Glauben Sie noch an den Klapperstorch? *117*
18. Ein Volk im Aufbruch oder: Der Schlüssel zum Alten Testament *125*
19. Vom Tod zum Leben oder: Der Schlüssel zum Neuen Testament *130*
20. Vom Suchen und Finden oder: Eine persönliche Erfahrung *136*

21. Komm mit ins Abenteuerland
    Einstieg in die Bibel *145*
22. Wie anfangen? *147*
23. Gedrucktes zur Bibel *164*
24. Bibel online *167*
25. Warum nicht mit anderen zusammen? *169*

Lust auf die Bibel *176*
Nachwort des Bibelwerks Linz *178*
Quellenhinweise und Anmerkungen *180*
Die Autoren *183*
Persönliches Stichwortverzeichnis *184*

SIE IST, WIE SIE IST

Manchmal schweigt sie tagelang
und plötzlich kommt ein Satz,
der mich trifft.
Hat sie dabei zu mir hingeschaut?
Wie oft setzt sie ihren eigenen Kopf durch!
Sie ist so eigensinnig, aber voller Charme.
Wenn sie lacht, steht die Zeit still.
Und wenn sie weint, zerreißt es mir das Herz.
Aber sie kann auch trösten –
mit einer feinen Geste, mit wenigen Worten.
Sie hat ein Gesicht, das man so schnell nicht vergisst.
Die vielen Falten erzählen ihre Geschichte.
Mag sie auch alt sein, sie denkt modern.
Sie hat keine Lust, sich beeinflussen zu lassen.
Sie kennt Gott und die Welt.
Wie ein Wasserfall kann sie reden.
Nicht immer mag ich zuhören.
Manchmal will sie nur, dass ich bei ihr bleibe.
Dann brauche ich viel Geduld und Zeit.
Besonders, wenn sie nur in der Vergangenheit kramt.
Aber sie hat auch Geduld mit mir – und immer Zeit.
Mein ganzes Leben kennen wir uns schon.
Doch wenn sie zornig wird,
dann möchte ich nicht schuld sein.
In diesem Zornesregen stehen.
Und gerade dafür liebe ich sie: dass sie so verletzlich ist,
empfindlich für alles Leid der Welt.
Und dass sie diesen unerschütterlichen Gerechtigkeits-
sinn hat.

Selten antwortet sie, wenn ich sie frage.
Das irritiert mich oft.
Aber irgendwie schafft sie es immer,
auf das zurückzukommen, was mir wichtig ist.
Sie ist eine ganz Besondere.

Egbert Ballhorn (*1967), Dozent am Institut
für Katholische Theologie an der TU Dortmund³

Was ist folgenden Zitaten gemeinsam?

»Versage dir nicht das Glück von heute, und an deinem Anteil von Lust gehe nicht vorüber.«

»Die Gesamtzahl der Rinder für das Gemeinschaftsopfer betrug vierundzwanzig Stiere, dazu sechzig Widder, sechzig Böcke und sechzig einjährige Lämmer.«

»Legen sich zwei zusammen nieder, so wird ihnen warm; aber einem Einzelnen, wie soll es ihm warm werden?«

»Liebt eure Feinde und betet für die, die euch verfolgen.«

»Wer andern eine Grube gräbt, fällt selbst hinein.«

»Entlaste dich auf diese Weise! Lass sie mit dir die Last tragen!«

»Ja, du bist schön, meine Freundin, ja, du bist schön! Deine zwei Brüste sind wie zwei Kitzen, wie Zwillinge einer Gazelle, die weiden in den Lilien.«

»Von den Nachkommen Judas wurden alle wehrfähigen Männer von zwanzig Jahren aufwärts nach ihren Sippen und Großfamilien namentlich erfasst. Die Zahl der vom Stamm Juda Gemusterten belief sich auf vierundsiebzigtausendsechshundert.«

• 1

Ja, das sind alles Zitate aus der Bibel! Es mag überraschen, aber die Bibel ist durchaus vielfältig! Sie ist nicht nur fromm, sondern manchmal auch erotisch und dann wieder gesetzesstreng. Sie ist radikal und provokativ – und auf jeden Fall »anders«.
Falls es Sie interessiert, wo Sie diese Bibelstellen finden, hier die Angaben: Sir 14,14; Num 7,88; Koh 4,11; Mt 5,44; Ps 7,16; Ex 18,22c; Hld 4,1.5; Num 1,26f – zugegeben: Diese Angaben sind im Moment sicher chaotisch und verwirrend – aber wir werden das Rätsel sehr bald miteinander lösen.

Die Bibel: Ein »Querschnitt durchs Programm«

Die Bibel ist nicht nur vielfältig, wie die Zitate zeigen, sondern sie besteht aus einer großen Sammlung verschiedener Bücher. Da gibt es Liebeslieder und eine Sammlung von Sprichwörtern, da gibt es Gesetzesvorschriften und biografische Angaben, da gibt es Anordnungen und Briefe.

Bibliothek Bibel

Die Bibel, das ist ungefähr so, wie wenn Sie jemanden in eine Buchhandlung schicken und sagen: Bring mir eine Auswahl mit! Ein guter Buchhändler wird Ihnen dann all das einpacken, was er auf Lager hat – einen Querschnitt durch sein Programm. Und dann haben Sie das Bürgerliche Gesetzbuch neben Liebesgedichten, einen Roman neben einer Sammlung von Briefen aus einem Nachlass, vielleicht auch einen Mythen- und Sagenband – und irgendwelche Träume von Visionären.

Und genau das ist die Bibel. Gesetz und Liebe, Verheißung und Offenbarung, Geschichte und Zukunft. Und Sie werden beim Lesen der Bibel scheitern, wenn Sie in einer Gesetzessammlung eine Liebeserklärung erwarten, in einer Vision eine Handlungsanweisung für die Gegenwart, in einer persönlich gefärbten Biografie eine sachliche Auseinandersetzung.

Das Wort »Bibel« kommt aus dem Griechischen und heißt »Bücher« – und das trifft es eigentlich sehr gut, was die Bibel ist: eine Bibliothek von Büchern, die in einem Buch zusammengefasst ist. Sie ist eine Sammlung von 73 Einzelschriften, die im Laufe von ca. 1000 Jahren entstanden sind. Und der jüngste Text in dieser Büchersammlung ist immerhin noch etwa 1900 Jahre alt.

Das Alte oder Erste Testament

46 dieser Schriften sind vom Judentum übernommen, das »Alte« beziehungsweise »Erste Testament«. Es sind Texte, die über den Anfang von Himmel und Erde nachdenken und dann von der Geschichte des Volkes Israel erzählen. Zwischendrin findet man Gesetzessammlungen, in denen die Weisungen für ein gelingendes Leben des Volkes aufgeschrieben sind – oder auch Inventarlisten. Ein ganzes Liederbuch findet sich in dieser »Bibliothek«, ein Büchlein mit Sprichwörtern und Lebensweisheiten, kleine Lehrerzählungen oder die Worte von Propheten.

Dieses, wie es bei uns oft genannt wird, »Alte Testament« ist auch heute noch sozusagen die »Bibel« der Juden. Deshalb sprechen manche auch lieber vom »Ersten Testament«, weil die Begriffe »alt« und »neu« gelegentlich doch noch mit Wertungen wie »besser« und »schlechter« emotional besetzt sind.

Das Neue Testament

Jesus, an den die Christen glauben, war Jude. Und die Schriften des Alten Testaments waren die Bibel Jesu, aus diesen Texten hat er gelebt, diese Gebete hat er gebetet.

Die Christen glauben, dass Gott mit Jesus von Nazaret einen weiteren Schritt mit den Menschen gegangen ist – und wieder fingen sie an, das, was ihnen wichtig war, was sie mit diesem Jesus Christus von der Auferstehung her erlebt haben, aufzuschreiben. Und so entstand dann das »Neue Testament«.

> **DAS NEUE TESTAMENT UMFASST 27 »BÜCHER«:**
>
> - vier Evangelien, also vier Glaubenszeugnisse über das Leben und Wirken Jesu;
> - die Apostelgeschichte, in der beschrieben wird, wie sich die Botschaft Jesu ausbreitete;
> - schließlich eine Sammlung von 21 Briefen und Schriften, mit denen Paulus und andere Autoren mit Gemeinden (oder Personen) in Kontakt getreten sind;
> - und die Offenbarung des Johannes, eine sehr mystische und geheimnisvolle prophetische Schrift, in der bedrängten Christen Trost zugesprochen wird.

Die eine Bibel

Da Juden nicht an Jesus Christus glauben, brauchen sie natürlich das »Neue Testament« nicht für ihren Glauben. Für Christen dagegen ist das Neue Testament ohne das »Alte Testament« oft schwer bis gar nicht verständlich. Im Neuen Testament wird häufig aus den jüdischen Schriften zitiert. Das Neue Testament ist damit sozusagen eine Art Fortschreibung des Alten Testaments aus der Sicht der Christen. Sie könnten es heute aktuell zum Beispiel mit den »Harry Potter-Büchern« vergleichen. Man kann durchaus nur den ersten Band lesen – und weiß vielleicht gar nicht einmal, dass es da noch einen zweiten, dritten oder siebten Band gibt. Aber den zweiten Band zu verstehen, ohne den ersten zu kennen, das ist schon schwierig. Deshalb ist es für Christen durchaus sehr spannend, sich auch im Alten Testament auszukennen, um die Hintergründe ihres Glaubens zu verstehen.

In jüdischen Gottesdiensten werden heute noch diese Texte des Alten Testaments gelesen. In der »Leseordnung« (also der Anweisung, wann welche Texte zu lesen sind) der katholischen und evangelischen Gottesdienste sind fast an allen Sonntagen (mit Ausnahme der Osterzeit) eine Lesung aus den Büchern des Alten Testaments und zwei Lesungen aus dem Neuen Testament vorgesehen. Eine davon ist aus einem der vier Evangelien entnommen, also den Erzählungen vom Leben und Wirken Jesu (»Evangelium«, das heißt auf Deutsch: Gute Nachricht, Frohe Botschaft). Die andere Lesung stammt aus den sonstigen Schriften des Neuen Testaments.

Welche Bedeutung das Alte Testament für den christlichen Glauben auch heute noch hat, lässt sich an der Leseordnung des »wichtigsten« Gottesdienstes für Christen, der Feier der Osternacht, ablesen. Von neun vorgesehenen Lesungen, das Evangelium mit inbegriffen, sind sieben (!) aus dem Alten Testament!

Leider werden gerade die Lesungen aus dem Alten Testament oft weggelassen, weil man »sie angeblich so schwer versteht« – aber: Wie soll man sie verstehen lernen, wenn man sie nicht einmal kennt?

Es gibt gar keinen Grund, sich als Christ *nicht* um das Alte Testament zu kümmern, ganz im Gegenteil. Dass diese Texte teilweise noch etliche Jahrhunderte älter sind als die Texte des Neuen Testaments, macht es, zugegeben, nicht einfacher. Andererseits: Ob ein Text jetzt 2000 Jahre oder 2500 Jahre alt ist, das ist nun wirklich auch nicht mehr so entscheidend.

Und ganz ehrlich gesagt: Den Brief an die Hebräer im Neuen Testament finde ich an manchen Stellen mindestens genauso schwer verständlich wie manche seltsamen Prophetenworte aus dem Alten Testament. Und in manche Schriftstelle aus dem Alten Testament habe ich mich beim ersten Hören oder Lesen sofort verliebt – und sie hat meinem Leben einen entscheidenden Kick gegeben, weil sie mich sofort berührt hat, weil sie etwas für mich auf den Punkt gebracht hat, weil sie einfach schön ist ...

43 ¹Nun aber – so spricht der Herr,
dein Schöpfer, Jakob, der dich geformt hat, Israel:
Fürchte dich nicht; denn ich habe dich ausgelöst
und rufe dich beim Namen,
mein bist du.
²Gehst du durch Wasser, ich bin bei dir,
durch Ströme, sie werden dich nicht überfluten.
Gehst du durch Feuer, du wirst nicht verbrennen;
die Flamme wird dich nicht versengen.
³Denn ich, der Herr, bin dein Gott,
der Heilige Israels ist dein Helfer.
Ich gebe Ägypten für dich als Lösegeld hin,
(die Länder) Kusch und Seba an deiner statt.
⁴Weil du mir so teuer bist in meinen Augen,
so wertgeschätzt
und weil ich dich liebe,
gebe ich Länder für dich hin
und Völker für dein Leben.

Jes 43,1-4

Schritt 3: Die Bücher der Bibel

Um sich in einer Buchsammlung von 73 Büchern mit einem Gesamtumfang von 1300 bis 1500 Seiten (je nach Ausgabe und Übersetzung) noch irgendwie zurechtzufinden und das Ganze handhabbar zu machen, hat man sich auf entsprechende Abkürzungen für die jeweiligen einzelnen Bücher verständigt – eine Art »Bibliothekscode«. »1 Thess« steht dann für den »Ersten Brief an die Thessalonicher« – und jeder, der sich mit der Bibel beschäftigt, weiß dann, welches Buch gemeint ist. (Und ist dazu noch sehr froh, dass er nicht jedes Mal schreiben muss: »Erster Brief an die Thessalonicher«!)

1	Thess	5,	16–22
erster Brief	an die Thessalonicher	fünftes Kapitel	Vers 16 bis Vers 22

Damit ist auch die Frage beantwortet, was die Angabe der Bibelstellen bei der Auflösung des Rätsels am Buchanfang bedeutet: Die Buchstabenkombination bezeichnet das jeweilige Buch. Die Zahl vor dem Komma gibt das entsprechende Kapitel an und die Zahl nach dem Komma den Vers innerhalb des Kapitels – zu den interessanten Feinheiten werden wir dann noch kommen.

Und so geben wir jetzt einfach einen Überblick, welche Bücher es in der Bibel insgesamt gibt, gleich ergänzt mit den entsprechenden Abkürzungen und in der 3. beziehungsweise 4. Spalte mit den zum Teil anderen Abkürzungen oder Namen in einer evangelischen oder reformierten Bibel.

Was ist die Bibel?

Erstes oder Altes Testament

Gen	Genesis	1. Mose	Das erste Buch Mose
Ex	Exodus	2. Mose	Das zweite Buch Mose
Lev	Levitikus	3. Mose	Das dritte Buch Mose
Num	Numeri	4. Mose	Das vierte Buch Mose
Dtn	Deuteronomium	5. Mose	Das fünfte Buch Mose

Jos	Josua
Ri	Richter
Rut	Rut
1 Sam	Erstes Buch Samuel
2 Sam	Zweites Buch Samuel
1 Kön	Erstes Buch der Könige
2 Kön	Zweites Buch der Könige
1 Chr	Erstes Buch der Chronik
2 Chr	Zweites Buch der Chronik
Esra	Esra
Neh	Nehemia
Tob	*Tobit*
Jdt	*Judit*
Est	Ester
1 Makk	*Erstes Makkabäerbuch*
2 Makk	*Zweites Makkabäerbuch*

Ijob	Ijob	Hiob	Hiob
Ps	Psalmen		
Spr	Sprichwörter	Spr	Sprüche Salomos
Koh	Kohelet	Pred	Prediger Salomo
Hld	Hohelied		
Weish	*Weisheit*		
Sir	*Jesus Sirach*		

Jes	Jesaja		
Jer	Jeremia		
Klgl	Klagelieder	Klg	Klagelieder Jeremias
Bar	*Baruch*		
Ez	Ezechiel	Hes	Hesekiel
Dan	Daniel		
Hos	Hosea		
Joël	Joël		
Am	Amos		

Obd	Obadja
Jona	Jona
Mi	Micha
Nah	Nahum
Hab	Habakuk
Zef	Zefanja
Hag	Haggai
Sach	Sacharja
Mal	Maleachi

Neues Testament

Mt	Evangelium nach Matthäus
Mk	Evangelium nach Markus
Lk	Evangelium nach Lukas
Joh	Evangelium nach Johannes
Apg	Apostelgeschichte
Röm	Brief an die Römer
1 Kor	Erster Brief an die Korinther
2 Kor	Zweiter Brief an die Korinther
Gal	Brief an die Galater
Eph	Brief an die Epheser
Phil	Brief an die Philipper
Kol	Brief an die Kolosser
1 Thess	Erster Brief an die Thessalonicher
2 Thess	Zweiter Brief an die Thessalonicher
1 Tim	Erster Brief an Timotheus
2 Tim	Zweiter Brief an Timotheus
Tit	Brief an Titus
Phlm	Brief an Philemon
Hebr	Brief an die Hebräer
Jak	Brief des Jakobus
1 Petr	Erster Brief des Petrus
2 Petr	Zweiter Brief des Petrus
1 Joh	Erster Brief des Johannes
2 Joh	Zweiter Brief des Johannes
3 Joh	Dritter Brief des Johannes
Jud	Brief des Judas
Offb	Offenbarung

Die in der Liste kursiv geschriebenen und im Schrank[4] schräg gestellten Bücher gehören zu den so genannten Spätschriften, die sich nur in katholischen Bibelausgaben finden (Info dazu auf Seite 42).

Schritt 4: Wie ist die Bibel entstanden?

Eine grundsätzliche Vorbemerkung muss hier gemacht werden: Alles, was in der Bibel erzählt wird, sind Aussagen von Menschen, die an Gott glauben – und die sagen, dass sie Gott in ihrem Leben erfahren haben. Es geht nicht um einen Tatsachenbericht, es ist keine Nachrichtensendung, es geht nicht um eine sachlich-wissenschaftliche Diskussion. Was diese Menschen erzählen, das glauben sie – und das entzieht sich wie jede Erfahrung einer mathematisch-rechnerischen Genauigkeit. Bei allem, was die Bibel erzählt, war kein Reporter dabei, keine Fernsehkamera – man kann es unter objektiven Maßstäben nicht nachprüfen.

Aber – wem das Herz voll ist, dem geht der Mund über (übrigens auch biblisch! Mt 12,34). Da waren Menschen, die haben etwas erlebt – und die haben etwas mit einem erfahren, dem sie den Namen Gott gaben. Und davon haben sie erzählt. Vor Tausenden von Jahren war das, was erzählt wurde, das damalige Fernsehprogramm. Und dann haben andere weitererzählt, was ihnen erzählt worden war.

Weitererzählt wird aber nur das, was dem Erzählenden wichtig ist und ihm interessant vorkommt.

❦ Bei der Frauenfastnacht vor einigen Jahren wurden viele Witze auf Kosten unseres Pfarrers gemacht. Nach dem Gottesdienst am Sonntag kam eine Frau auf ihn zu und sagte: »Das war arg, was man da mit ihnen gemacht hat!« – Der Pfarrer lächelte und erwiderte: »Wissen Sie, es gibt nur eine Sache, die schlimmer ist, als die, dass über einen geredet wird – dass nämlich nicht über einen geredet wird!«

Was ist die Bibel?

Da werden Geschichten über Generationen hinweg weitererzählt – weil man damals weder Videokamera noch Fernsehen kannte. Nachrichten reisten im Tempo der Kamelkarawanen. Man erzählte sich Geschichten abends am Lagerfeuer – und jeder, der erzählte, gab dem, was er erzählte, seine persönliche Färbung. Die Erzählung, dass Abraham die schöne Sara als seine Schwester ausgibt, um das eigene Leben zu schützen, gibt es in zwei Versionen: Einmal ist es der ägyptische Pharao, der durch diese Lüge Plagen erleiden muss und die beiden erbost wegschickt; das andere Mal ist es Abimelech, ein König im Negeb, den Gott im Traum über die wahre Sachlage aufklärt, woraufhin der König die beiden reich beschenkt ziehen lässt. (Nachzulesen in Kapitel 12 und Kapitel 20 im Buch Genesis; eine ähnliche Überlieferung gibt es dann nochmals über Isaak und Rebekka in Gen 26.)

Solche Geschichten kursieren, werden weitererzählt – und irgendwann und irgendwo sagt jemand: Das müsste man eigentlich aufschreiben! »Aufschreiben« – das heißt in diesem Fall nicht: Ich tippe es rasch in den Computer – oder wir scannen das ein – oder machen schnell ein Foto …

Vor 3000 Jahren wurden Schriftzeichen auf Papyrus gemalt oder in Tontafeln geritzt; in manchen Ecken unserer Erde hat man Worte sogar sehr mühsam in Stein gemeißelt.

Wie auch immer: Eine Geschichte wurde weitererzählt – und irgendwann hat sie dann jemand aufgeschrieben. Auf dieselbe Idee kamen andere auch – und plötzlich hatte man eine Geschichte in verschiedenen Versionen. Dies wiederum erweckte in einem anderen den Eindruck, dass verschiedene Geschichten irgendwie zueinandergehören, und er hat sie miteinander in einen neuen Erzählzusammenhang gebracht – sie zu einem neuen Text verwoben (*textus* heißt auf Deutsch Gewebe). So entstanden die ersten Schriften.

Im Laufe der Zeit stellte sich heraus, dass manche Schriften wichtiger waren als andere, öfter gelesen, häufiger zitiert wurden. Sie stiegen sozusagen zu »Erfolgsbüchern« auf, die über einen langen Zeitraum hinweg beliebter waren als andere Bücher.

Man kann die Entstehung der Bibel gut mit jener der »Grimm'schen Märchen« vergleichen. »Rotkäppchen« und »Dornröschen« waren keine Erfindung der Gebrüder Grimm. Sie fuhren einfach im Lande herum und hörten den Menschen zu, was sie erzählten. Anschließend schrieben sie aus verschiedenen Versionen, die sie gehört hatten, das auf, was ihnen wichtig war – und Jahrhunderte später sind diese Märchen bei uns immer noch lebendig. Und laufen sogar unter dem Namen »Grimm'sche Märchen«, obwohl die Gebrüder Grimm nur aufgeschrieben haben, was ihnen von anderen erzählt worden war.

Vor 2500 Jahren war das nicht anders. Man hat einander Geschichten erzählt – und irgendwann hat jemand sie aufgeschrieben und das hervorgehoben, was ihm wichtig war – und das weggelassen, was ihm unwichtig war.

Sie möchten ein Beispiel? Ganz einfach: *Die Geburtsgeschichte*.

[18]**Mit der Geburt Jesu Christi verhielt es sich so: Als seine Mutter Maria mit Josef verlobt war, fand es sich, noch bevor sie miteinander lebten, dass sie schwanger war aus heiligem Geist.** [19]**Da aber Josef, ihr Mann, gerecht war und sie nicht bloßstellen wollte, gedachte er, sie im Stillen zu entlassen.** [20]**Während er noch darüber nachdachte, erschien ihm ein Engel des Herrn im Traum und sprach zu ihm: Josef, Sohn Davids, scheu dich nicht, Maria, deine Frau, zu dir zu nehmen; denn was sie empfangen hat, ist aus heiligem Geist.** [21]**Sie wird einen Sohn gebären, ihm sollst du**

den Namen Jesus geben; denn er wird sein Volk von seinen Sünden erlösen. ²²Dies alles ist geschehen, damit das Wort des Herrn in Erfüllung geht, das er durch den Propheten gesprochen hat: ²³*Seht, die Jungfrau wird schwanger werden und einen Sohn gebären, und man wird ihm den Namen Immanuel geben*, das heißt übersetzt: Gott mit uns. ²⁴Als nun Josef vom Schlaf erwachte, tat er, wie der Engel des Herrn ihm aufgetragen hatte, und nahm seine Frau zu sich. ²⁵Er erkannte sie aber nicht, bis sie einen Sohn geboren hatte. Und er gab ihm den Namen Jesus.

2 ¹Als nun Jesus geboren war, zu Betlehem im Land Juda in den Tagen des Königs Herodes, da kamen Magier aus dem Osten nach Jerusalem ²und fragten: Wo ist der neugeborene König der Juden? Wir haben seinen Stern aufgehen sehen und sind gekommen, ihm zu huldigen. ³Als König Herodes das hörte, erschrak er und ganz Jerusalem mit ihm. ⁴Er ließ alle Hohenpriester und Schriftgelehrten des Volkes zusammenkommen und forschte sie aus, wo der Messias geboren werden solle. ⁵Sie antworteten ihm: In Betlehem in Judäa. Denn so steht beim Propheten geschrieben: ⁶*Du, Betlehem im Land Juda, bist keineswegs die geringste unter den führenden Städten Judas; denn aus dir wird ein Herrscher hervorgehen, der mein Volk Israel weiden wird.*

⁷Da rief Herodes die Magier heimlich zu sich und horchte sie aus, wann ihnen der Stern erschienen war. ⁸Dann schickte er sie nach Betlehem und sagte: Geht und forscht sorgfältig nach dem Kind; und sobald ihr es gefunden habt, lasst es mich wissen, damit auch ich komme und ihm huldige. ⁹Nachdem sie den König angehört hatten, brachen sie auf. Und der Stern, den sie hatten aufgehen sehen, zog vor ihnen her, bis er ankam und über dem Ort stehen blieb, wo das Kind war. ¹⁰Als sie den Stern erblickten, hatten sie

eine überaus große Freude. ¹¹Sie traten in das Haus ein und sahen das Kind mit Maria, seiner Mutter, fielen nieder und huldigten ihm. Dann öffneten sie ihre Schätze und brachten ihm Geschenke dar, Gold, Weihrauch und Myrrhe. ¹²Und da sie im Traum die Weisung empfingen, nicht zu Herodes zurückzukehren, zogen sie auf einem anderen Weg heim in ihr Land.

Mt 1,18 – 2,12

²⁶Im sechsten Monat wurde der Engel Gabriel von Gott in eine Stadt in Galiläa namens Nazaret ²⁷zu einer Jungfrau gesandt, die mit einem Mann namens Josef aus dem Haus Davids verlobt war. Der Name der Jungfrau war Maria. ²⁸Er trat bei ihr ein und sagte: Sei gegrüßt, du Begnadete, der Herr ist mit dir. ²⁹Sie erschrak über das Wort und sann nach, was dieser Gruß bedeuten solle. ³⁰Der Engel sagte zu ihr: Fürchte dich nicht, Maria; denn du hast bei Gott Gnade gefunden. ³¹*Du wirst ein Kind empfangen, einen Sohn wirst du gebären; ihm sollst du den Namen* Jesus *geben.* ³²Er wird groß sein und Sohn des Höchsten genannt werden. Gott, der Herr, wird ihm *den Thron* seines Vaters *David* geben. Er wird herrschen über das Haus Jakob *in Ewigkeit* ³³und *seine Herrschaft* wird kein Ende haben. ³⁴Maria sagte zu dem Engel: Wie soll dies geschehen, da ich keinen Mann erkenne? ³⁵Der Engel antwortete ihr: Heiliger Geist wird über dich kommen und Kraft des Höchsten wird dich überschatten. Deshalb wird auch das Kind heilig und Sohn Gottes genannt werden. ³⁶Auch Elisabet, deine Verwandte, hat noch einen Sohn empfangen in ihrem Alter und dies ist schon der sechste Monat für sie, die als unfruchtbar galt. ³⁷Denn *für Gott ist nichts unmöglich.* ³⁸Da sagte Maria: Ich bin die Magd des Herrn; mir geschehe nach deinem Wort. Dann verließ sie der Engel. …

● 4

Was ist die Bibel?

²¹In jenen Tagen erging ein Erlass des Kaisers Augustus, den ganzen Erdkreis (in Steuerlisten) einzutragen. ²Diese Aufzeichnung war die erste und geschah, als Quirinius Statthalter von Syrien war. ³Alle gingen hin, sich eintragen zu lassen, ein jeder in seine Stadt. ⁴Auch Josef zog von der Stadt Nazaret in Galiläa hinauf nach Judäa in die Stadt Davids, die Betlehem heißt. Denn er war aus dem Haus und Geschlecht Davids. ⁵Er wollte sich mit Maria eintragen lassen, seiner Frau, die schwanger war. ⁶Während sie dort waren, kam für Maria die Zeit ihrer Niederkunft, ⁷und sie gebar ihren Sohn, den Erstgeborenen, wickelte ihn in Windeln und legte ihn in eine Krippe, weil in der Herberge für sie kein Platz war.

⁸In derselben Gegend waren Hirten auf dem Feld, die bei ihrer Herde Nachtwache hielten. ⁹Da trat der Engel des Herrn zu ihnen, und die Herrlichkeit des Herrn umstrahlte sie, und sie fürchteten sich sehr. ¹⁰Der Engel aber sagte zu ihnen: Fürchtet euch nicht! Denn ich verkünde euch eine große Freude, die dem ganzen Volk zuteil werden soll. ¹¹Heute ist euch in der Stadt Davids der Retter geboren, nämlich der Messias, der Herr. ¹²Und dies soll euch das Zeichen sein: Ihr werdet ein Kind finden, in Windeln gewickelt und in einer Krippe liegend. ¹³Und plötzlich war bei dem Engel eine Menge himmlischer Heerscharen, die Gott lobten und sprachen: ¹⁴Herrlichkeit in den Höhen für Gott und auf der Erde Friede den Menschen seines Wohlgefallens!

¹⁵Als die Engel von ihnen in den Himmel gegangen waren, sagten die Hirten zueinander: Lasst uns nach Betlehem gehen und sehen, was geschehen ist und was der Herr uns kundgetan hat. ¹⁶Sie kamen eilends hin und fanden Maria und Josef und das Kind, das in der Krippe lag. ¹⁷Als

sie es sahen, berichteten sie von dem Wort, das ihnen über dieses Kind gesagt worden war. ¹⁸Und alle, die es hörten, wunderten sich über das, was ihnen von den Hirten erzählt wurde. ¹⁹Maria aber bewahrte alle diese Worte und erwog sie in ihrem Herzen. ²⁰Die Hirten kehrten zurück, priesen und lobten Gott für alles, was sie gehört und gesehen hatten, so wie es ihnen gesagt worden war. ²¹Als acht Tage vergangen waren und das Kind beschnitten werden musste, wurde ihm der Name Jesus gegeben, der vom Engel genannt worden war, noch bevor das Kind im Mutterschoß empfangen wurde.

Lk 1,26–38; 2,1–21

In der Bibel finden wir zwei Erzählungen über die Geburt Jesu, die vollkommen unterschiedlich sind. Bei Lukas tauchen die Hirten an der Krippe auf, bei Matthäus sind es die Weisen aus dem Morgenland.

Weder Lukas noch Matthäus waren bei der Geburt Jesu dabei. Sie haben ihre Geschichte über das Leben Jesu erst Jahrzehnte danach geschrieben.

Und sie haben sie mit ihren je eigenen Schwerpunkten geschrieben. Lukas, der Anwalt der Kleinen, Schwachen und Kranken, bringt die Hirten mit ihren Schafen ins Spiel – damals die Ärmsten der Armen. Und zugleich erinnert damit Lukas an den großen König David, der eben auch zunächst Hirte war und später ein großes Reich geschaffen hat: »Heute ist euch in der Stadt Davids der Retter geboren, nämlich der Messias, der Herr.« (Lk 2,11) Matthäus, der das König-Sein Jesu hervorheben will, kann keine Hirten brauchen, sondern erzählt von denen, die nach dem König der Juden suchen und die wahrhaft königliche Geschenke bringen. Nichtjuden, also Heiden, erkennen den Messias.

Bei Markus und Johannes, den Verfassern der beiden anderen Evangelien, wird die Geburt Jesu überhaupt nicht erwähnt.

Aus heutiger Sicht beschreibt keine der beiden Geburtserzählungen das, was sich historisch genau ereignet hat. Das ist eigentlich auch nicht wichtig. Lukas will das eine betonen, Matthäus etwas anderes.

Und beides mag stimmen, und zwar aus ihrer je eigenen Perspektive heraus.

Die Gläubigen haben immer schon gewusst, dass die beiden Versionen der Geburtsgeschichte Jesu als Glaubensgeschichten zusammengehören: Spätestens ab dem 6. Januar stehen an der Krippe Hirten und Könige friedlich miteinander vereint.

DIE WIESE

Wenn Sie Lust dazu haben, probieren Sie bei einem nächsten Treffen mit Ihren Freunden einmal Folgendes aus:

Bitten Sie vier Freunde, die mitspielen wollen, kurz vor die Tür und geben Sie ihnen die Aufgabe, eine richtig schön blühende Wiese zu beschreiben, ohne dabei zu sagen, dass es sich um eine Wiese handelt.

Der erste Mitspieler soll sie aus der Sicht eines Bauern beschreiben, der zweite aus der Sicht eines Kindes, der dritte aus der Sicht eines Straßenbauers und der vierte aus der Sicht einer Kuh.

Jeder soll dann den anderen das erzählen, was ihm an der Wiese wichtig ist. Und Sie können ziemlich sicher sein, dass Ihnen vier vollkommen verschiedene Bilder einer Wiese vorgestellt werden: Die Arbeit, die so eine Wiese macht mit Düngen und Mähen, die lustigen Pusteblumen und die Blumen, die man pflücken kann, der Untergrund, der die Belastung nicht aushält – und schließlich die wohlschmeckenden Kräuter.

Wer hat jetzt Recht?

(Übrigens – manchmal kann diese kleine Unterbrechung auch dabei helfen, festgefahrenen Diskussionen eine neue Richtung zu geben – es darf unterschiedliche Blickrichtungen geben. Und dann heißt die Frage nicht mehr: Wer hat Recht?, sondern: Wie gehen wir mit den verschiedenen Blickwinkeln um? Vielleicht ist die Art und Weise, wie die Bibel damit umgeht, ja auch eine Möglichkeit, sie einfach nebeneinander stehen zu lassen.)

Der Kanon

Religiöse Gemeinschaften sammelten die Abschriften biblischer Texte – und irgendwann wurde der Wunsch nach einer Vereinheitlichung deutlich. Fragen stellten sich: Was sind denn genau die Schriften, auf die wir uns berufen, aus denen wir leben? Gilt die eine Schrift genauso wie die andere?

So nahmen sich sowohl im Juden- wie auch im Christentum die offiziellen Religionsvertreter dieser Schriftensammlungen an. Man versuchte, sich auf eine Sammlung von Büchern zu einigen, die in diese »Bibliothek« hineingehörte. Aber man war auch offen genug, verschiedene Blickwinkel durchaus nebeneinander stehen zu lassen, wie zum Beispiel bei den Schöpfungserzählungen in den ersten beiden Kapiteln des Buches Genesis oder bei den verschiedenen Erzählungen über die Geburt Jesu.

Diesen Prozess nennt man »kanonisieren«, es entstand ein »Kanon« (laut Duden: »Richtschnur, Maßstab, Regel«) von Büchern, die in einer bestimmten Version zu der jeweiligen Sammlung dazugehören. Das heißt, die Bücher wurden nach festgelegten Regeln und Vorschriften daraufhin überprüft, ob sie in die Gesamtheit des Werkes aufgenommen werden sollten oder nicht. Wir kennen den Begriff heute eher von einer Liedform, dem Kanon, der nach bestimmten Regeln gesungen wird – aber der Name dafür ist abgeleitet von dieser ursprünglichen Bedeutung des Wortes »Kanon«.

Das scheint jetzt nicht unbedingt wichtig zu sein, aber es weist auf zwei Dinge hin: Zum einen gab es eine sehr lange Auseinandersetzung und einen sehr strengen Ausleseprozess, welche Bücher in welcher Version verbindlich in diese Büchersammlung aufgenommen werden sollten. Diese »Kanonbildung« wurde im Christentum im 3./4. Jahrhundert n. Chr. abgeschlossen – und seit dieser Zeit gibt es grundsätzlich für die Christen diese Bibel in genau dieser Zusammenstellung – und keiner kann da etwas weglassen oder dazufügen.

Zum anderen gibt es Schriften, die zwar von ihrem Charakter her zur Bibel gehören könnten, die aber diesem strengen Auswahlprozess nicht standgehalten haben, so genannte »außerkanonische« oder »apokryphe« (das heißt »verborgene«) Schriften. Manchmal hört man zum Beispiel noch Erzählungen davon, wie das kleine Jesuskind Vögelchen aus Lehm formt, sie anhaucht und diese daraufhin losfliegen. Das ist eine Geschichte aus der »Kindheitserzählung des Thomas«, die nicht in die Bibel aufgenommen wurde.

GRUNDSÄTZLICH BLEIBT FESTZUHALTEN:

- Die Bibel ist kein Buch, sondern eine Sammlung von Schriften oder »Büchern«.
- Die Bücher der Bibel sind sehr unterschiedlich.
- Diese Bücher sind nicht nach ihrer Entstehungszeit geordnet.
- Der zeitliche und kulturelle Kontext muss beachtet werden.
- Die Bibel erzählt von Erfahrungen der Menschen mit Gott.
- Sie entzieht sich größtenteils objektiven Kriterien von Wahrheit, weil es den Verfassern nicht darauf ankam, naturwissenschaftliche oder historische »Fakten« neutral zu beschreiben.
- Sie erzählt die Geschichte Gottes mit den Menschen aus verschiedenen Blickwinkeln.
- Das »Alte Testament« ist (für Christen) ein wichtiger Teil der Bibel, ohne den das »Neue Testament« oft unverständlich bleibt.
- Die Sammlung dieser Bücher, die wir heute in der Bibel finden, ist nicht irgendeine beliebige Zusammenstellung, sondern hat einen sehr langen und sorgfältigen Auswahlprozess durchgemacht.
- Mündlich weitergegebene Geschichten wurden irgendwann aufgeschrieben – und jahrhundertelang immer wieder abgeschrieben.

DAS GESELLIGE BUCH

Kurt Marti (*1921), Schweizer Pfarrer und Schriftsteller[5]

1
Ein Buch?
Mehr noch: eine Bücherei!
66 verschiedene Bücher
von nicht nur 66 verschiedenen Autoren,
denn manch eines enthält
(nach Art der hölzernen Babuschkas)
in sich wiederum
drei, vier kleinere Bücher verschiedener Autoren.

2
Nicht zu vergessen
die namenlosen Scharen
späterer Bearbeiter, Ergänzer, Verknüpfer,
der fromme Fleiß
ihrer minutiösen Text-Finissage
während rund eines Jahrtausends
jüdisch-urchristlicher Geschichte.

3
Allmählich entstand so:
ein Bücherbuch vieler Stimmen,
die nacheinander,
nebeneinander,
durcheinander,
gegeneinander,
miteinander
reden, singen, murmeln, beten.

Dissonanzen? Jede Menge.
Widersprüche? Noch und noch.
Kein ausgeklügelt Buch.
Hundert-Stimmen-Strom
(selbst Schriftgelehrte ermessen ihn nicht) –
wohin will er tragen?
Über Schwellen, Klippen, Katarakte
heimzu, heilzu (hoff ich).

4
Merklich oder unmerklich nämlich
strömen die verschiedenartigen,
die verschiedenzeitlichen Stimmen
denn doch
und stets wieder
zu EINER Stimme zusammen:
»Das Wunder dieses Zusammenfließens
ist größer als das Wunder
eines einzigen Autors.«

(Emmanuel Lévinas)

5
Viel-Stimmen-Buch also,
geselliges Buch
(geselligstes der Weltliteratur!):
in ihm wird
die EINE,
die verlässliche Stimme
der geselligen Gottheit laut.

Wer aufmerksam gelesen hat, dem könnte ein Widerspruch zum vorher Gesagten aufgefallen sein. In der dritten Zeile des Textes von Kurt Marti ist die Rede von 66 Büchern, vorne wurden dagegen 73 Bücher genannt.

Die Erklärung für diesen Unterschied ist einfach: Kurt Marti ist evangelischer Theologe. In protestantischen Bibelausgaben sind sieben Bücher der Bibel nicht enthalten oder eventuell nur als »Apokryphen« (also als »verborgene«, nicht in den Kanon aufgenommene Schriften) im Anhang beigefügt.

Die frühen Christen übernahmen, wie bereits Zitate des Alten Testaments im Neuen Testament zeigen, die damalige jüdische »Volksausgabe« des Alten Testaments (die so genannte «Septuaginta») in griechischer Übersetzung, der Weltsprache dieser Zeit, vergleichbar etwa mit Englisch heutzutage. Später haben die jüdischen Religionsgelehrten, die Rabbinen, den Kanon der hebräischen Bibel festgelegt und nur diejenigen Bücher übernommen, von denen sie die hebräischen Texte hatten. Die Reformatoren, zum Beispiel Martin Luther, haben diesen etwas kürzeren Kanon der Übersetzung des Alten Testaments zugrunde gelegt, die katholische Kirche ist bei der längeren Fassung geblieben.

❧ **Der Respekt vor der Heiligen Schrift ist grenzenlos: Er manifestiert sich vor allem darin, dass man ihr fern bleibt!**

Paul Claudel (1858–1965), französischer Schriftsteller[6]

BIBELBEWEGT

Manche sind bibelfest,
weil sie genau wissen,
wo was steht im Buch der Bücher.

Andere sind bibelbewegt,
weil sie sich von den Texten
locken und fordern lassen.

Wieder andere sind bibeltreu,
weil sie dem Wort trauen
und sich von ihm trösten lassen.

Bibel-Orientierte verwurzeln
ihr Leben in Gottes Wort
und finden darin festen Halt.

Bibelbegeisterte erden
Weisheit und Weisungen
der Heiligen Schrift in ihrem Alltag.

Mit der Bibel Betende
hören auf ihre Botschaft
und suchen nach Antworten auf ihre Fragen.

Paul Weismantel (*1955), Domvikar
und Spiritual in Würzburg[7]

Drei kleine Ausflüge

Da stellt sich natürlich schon die Frage: Ist das denn überhaupt wahr, was in der Bibel steht?

Hier drei kleine »Ausflüge«:

Erster Ausflug

»Wer hätte auch Asien oder Afrika oder Italien verlassen und Germanien aufsuchen wollen, landschaftlich ohne Reiz, rau im Klima, trostlos für den Bebauer wie für den Beschauer, es müsste denn seine Heimat sein? Das Land macht mit seinen Wäldern einen schaurigen, mit seinen Sümpfen einen widerwärtigen Eindruck.

Die äußere Erscheinung ist bei allen Menschen dieselbe: wild blickende blaue Augen, rötliches Haar und große Gestalten, die allerdings nur zum Angriff taugen. Für Strapazen und Mühen bringen sie nicht dieselbe Ausdauer auf. Wenn sie nicht zu Felde ziehen, verbringen sie viel Zeit mit Jagen, mehr noch mit Nichtstun, dem Schlafen und Essen ergeben. Gerade die Tapfersten und Kriegslustigsten rühren sich nicht. Die Sorge für Haus, Hof und Feld bleibt den Frauen, den alten Leuten und allen Schwachen im Hauswesen überlassen; sie selber faulenzen.«

Wer sich dunkel an irgendwelche Lateinstunden erinnert, liegt richtig: Das sind Sätze aus »Germania« von Tacitus, einem Beamten am römischen Hof. Seine Reisebeschreibung über Germanien ist wohl im Jahr 98 n. Chr. veröffentlicht worden. Sie mag zu dieser Zeit ja zutreffend für Germanien und seine Bewohner gewesen sein – aber niemand käme auf die Idee, amerikanischen Freunden, die zu Besuch hier sind, dies als Reiseführer durch Deutschland heute mitzugeben.

1900 Jahre sind immerhin eine sehr lange Zeit!

Tacitus hat seinen Bericht etwa in jener Zeit verfasst, als das Johannes-Evangelium seine endgültige Form gefunden hat. Die Schriften der Bibel sind nur dann richtig einzuordnen, wenn man diesen Zeitbezug und den kulturellen Kontext mitbeachtet. Die Bibel ist eben nicht im 21. Jahrhundert in Westeuropa aufgeschrieben worden, sondern vor 2000 Jahren in Vorderasien. Und wer die Bibel so lesen wollte, als wäre sie ein Reiseführer durch den christlichen Glauben für uns hier und heute, der muss und wird scheitern.

Die biblischen Schriften sind Gottes Wort an uns Menschen, aber gefasst in Menschenworten, in den jeweiligen kulturellen und zeitlichen Kontexten.

Deutlich machen lässt sich das zum Beispiel an der Stellung der Frau. Damals hat die Frau wenig gegolten. Was Paulus in seinem Brief an die Korinther anmahnt, hat durchaus eine gewisse Aktualität – in ganz anderen gesellschaftlichen Fragestellungen:

Ich will euch aber wissen lassen, dass Christus das Haupt eines jeden Mannes ist, der Mann aber das Haupt der Frau und Gott das Haupt Christi. Jeder Mann, der beim Beten oder prophetischen Reden sein Haupt bedeckt hat, entehrt sein Haupt. Jede Frau aber, die mit unverhülltem Haupt betet oder prophetisch redet, entehrt ihr Haupt.

1 Kor 11,3–5

Heute vertreten einige Bibelwissenschaftler die Ansicht, es gehe in diesem Abschnitt nicht um die Frage eines Kopftuchs, sondern um die Haartracht der Frauen. Also auf unsere Zeit übertragen: Kein Kurzhaarschnitt für Frauen, nur langes Haar wird gesellschaftlich geduldet! Ein anderes Verständnis liest hier sozusagen ein »Kopftuch-Gebot« für Frauen im Gottesdienst. Und damit wären wir mittendrin in einer kulturellen Diskussion. Eigentlich schon erstaunlich, dass (jedenfalls meines Wissens nach) niemand diese Stelle in die öffentlichen Auseinandersetzungen um religiöse »Kopftuch«-Pflichten für Frauen hineingeworfen hat.

Paulus und seine Schriftstellerkollegen beschreiben das, was zu ihrer Zeit und in ihrem Kulturkreis vollkommen normal und selbstverständlich war – und das lässt sich natürlich nicht 1:1 in die heutige Zeit von Westeuropa übertragen.

Ist es deshalb falsch, was Paulus vor fast 2000 Jahren geschrieben hat? Es war gültig für das Denken dieser Zeit, für die Kultur und die Lebensweise damals.

• 5

Ein zweiter Ausflug

»Adieu«, sagte der Fuchs. »Hier mein Geheimnis. Es ist ganz einfach: Man sieht nur mit dem Herzen gut. Das Wesentliche ist für die Augen unsichtbar.«

Antoine de Saint-Exupéry (1900–1944), französischer Schriftsteller und Pilot[8]

Richtig, eine Szene aus »Der Kleine Prinz« von Saint-Exupéry. Und jetzt frag ich ganz direkt: Ist diese Geschichte wahr oder unwahr?

Wenn ich von sachlichen Bedingungen ausgehe, müsste ich sagen: Die Geschichte stimmt nicht! Füchse können überhaupt nicht reden! Alles erstunken und erlogen!

Und mit vollem Recht würden viele über mich herfallen!

Natürlich ist die Geschichte vom kleinen Prinzen irgendwie wahr, auch wenn sie nie so passiert ist. Es gibt eine Wahrheit, die auf einer anderen Ebene zu suchen ist. Liebe zum Beispiel: Wenn ich anfange, Liebe beweisen und mathematisch aufrechnen zu wollen, dann ist es keine Liebe mehr. Es gibt eine Wahrheit, die sich objektiven Kriterien und Beschreibungen entzieht, die sich Bilder sucht, die in ihrer zärtlichen Sprache etwas von dem Geheimnis erzählt. Liebende haben oft ein gutes Gespür für eine solche Sprache.

Und es mag sein, dass sich manches Bild, mancher Text in der Bibel erst dann erschließt, wenn ich nicht unter dem zweifelhaften Anspruch objektiver Richtigkeit herangehe, sondern im Zeichen der Liebe.

Wenn ein Mensch sagt: »Ich liebe dich!«, dann wird im Normalfall nicht zurückgefragt: »Warum?« Manche Geschenke werden durch zu viel Skepsis entzaubert.

Sich mit der Bibel zu beschäftigen heißt auch, sich in einen Zauber mit hineinnehmen zu lassen, manche Bilder einfach wirken zu lassen und nicht etwas zu erklären versuchen, sondern sich von der Kraft mitnehmen zu lassen.

❧ Wir werden in der Bibel gerade so viel finden, wie wir suchen: Großes und Göttliches, wenn wir Großes und Göttliches suchen; Nichtiges und »Historisches«, wenn wir Nichtiges und »Historisches« suchen – überhaupt nichts, wenn wir überhaupt nichts suchen.

Karl Barth (1886–1968), evangelisch-reformierter Theologe[9]

Ein dritter Ausflug

Um nach Hamburg zu kommen, muss ich nach Norden fahren.

Recht und gut. Aber der Satz stimmt nur, wenn ich zum Beispiel in Salzburg, München oder Frankfurt bin. In Flensburg würden alle dafür schallendes Gelächter ernten. Dort muss man nämlich nach Süden fahren, um nach Hamburg zu kommen.

Es gibt Aussagen, die einfach durch meinen Standort und meinen Blickwinkel bestimmt sind. Der Satz stimmt nur unter gewissen Bedingungen. Sobald andere Bedingungen gegeben sind, kann ich ihn nicht mehr so übernehmen.

Es nimmt nichts von der Tatsache, dass Hamburg irgendwo zwischen Frankfurt und Flensburg liegt – aber je nachdem, wo ich gerade bin, ist mein Weg dorthin ein anderer.

Und auch das ist Bibel: Es gibt göttliche Wahrheiten – aber wie sich die einzelnen Menschen diesen Wahrheiten nähern, das hat etwas mit ihrem Blickwinkel, ihrem Standort zu tun. Und so werden sie es beschreiben und entsprechende Bilder dafür wählen.

Ein Zeugnis-Buch

Begriffe wie »wahr« oder »falsch« taugen wenig für den Umgang mit der Bibel. Niemand kann die Frage beantworten, ob Jesus damals wirklich einen Toten zum Leben erweckt hat, ob das wirklich so geschehen ist.

Solche Fragen will die Bibel auch gar nicht beantworten. Sie will sagen: Da hat einer, der tot war, ins Leben zurückgefunden; oder: Da ist eine wieder heil geworden und hat neu an das Leben geglaubt. In Begegnungen mit Jesus sind Wunder geschehen, die wir nicht erklären können.

Und wenn wir uns von den vordergründigen Bildern lösen, dann ist das eigentlich etwas, das wir auch heute immer wieder erleben dürfen. Und dann wissen wir manchmal nicht so recht, wem wir dafür jetzt eigentlich »Dankeschön« sagen dürfen.

Die Menschen damals haben solche Erlebnisse und Erfahrungen mit Gott in Verbindung gebracht. Und sie haben anderen davon Zeugnis gegeben, indem sie erzählt haben, was sie erlebten und wie sie es deuteten.

Wir kennen das Wort »Testament« heute eher aus dem weltlichen Bereich. Da bekundet jemand sein Vermächtnis. Ursprünglich beschreibt dieses Wort aber »die Verfügung, die Ordnung Gottes mit den Menschen«. Und es kommt vom lateinischen Wort »testari«, das »bezeugen« heißt. Deshalb braucht jedes öffentliche Testament auch heute noch Zeugen.

Die Bibel ist das Vermächtnis derer, die Gott bezeugen – je auf ihre Art und Weise.

Die Bibel – ein »heiliges« Buch?

1 ¹Im Anfang war das Wort, und das Wort war bei Gott, und Gott war das Wort.

²Es war im Anfang bei Gott.

³Alles ist durch es geworden, und ohne es ist nichts geworden, was geworden ist.

⁴In ihm war das Leben, und das Leben war das Licht der Menschen.

⁵Und das Licht scheint in der Finsternis, und die Finsternis hat es nicht ergriffen.

⁹(Das Wort) war das wahre Licht, das jeden Menschen erleuchtet; es kam in die Welt.

¹⁰Er war in der Welt, und die Welt ist durch ihn geworden, und die Welt hat ihn nicht erkannt.

¹¹Er kam in sein Eigentum, und die Seinigen nahmen ihn nicht auf.

¹⁴Und das Wort ist Fleisch geworden und hat unter uns gewohnt

und wir haben seine Herrlichkeit geschaut, eine Herrlichkeit, wie sie der einzige Sohn vom Vater hat, voll Gnade und Wahrheit.

Joh 1,1–5.9–11.14

Was wir bisher von und über die Bibel gesagt haben, könnte in gleicher Weise für die »Grimm'schen Märchen« oder die Sammlung »Liebesgedichte des 20. Jahrhunderts« gelten. Die Bibel ist eine Sammlung von Büchern, die aus Menschensicht von Gott erzählen – und doch ist sie zugleich mehr.

Das christliche Verständnis heißt seit dem Zweiten Vatikanischen Konzil (1962–1965) in Kurzfassung: Gotteswort in Menschenwort.

❧ **Da Gott in der Heiligen Schrift durch Menschen nach Menschenart gesprochen hat, muss der Schrifterklärer, um zu erfassen, was Gott uns mitteilen wollte, sorgfältig erforschen, was die heiligen Schriftsteller wirklich zu sagen beabsichtigten und was Gott mit ihren Worten kundtun wollte.**

Zweites Vatikanisches Konzil,
Konstitution über die Göttliche Offenbarung (Dei verbum), 12

Wir Christen glauben, dass die Worte der Bibel von Gott her inspiriert sind, also letztlich Gott als Urheber haben und von konkreten Menschen in konkreten Zeiten aufgeschrieben wurden.

Irgendwie ergibt es Sinn: Das Unbegreifliche muss sich ja auf die eine oder andere Weise begreiflich machen, damit wir Menschen es verstehen. Das Unendliche muss sich irgendwie in die Endlichkeit hineinbegeben, damit wir es wenigstens hören können.

Das sagt aber zugleich: Das Wort Gottes, ja Gott selbst ist unendlich viel mehr als das, was wir hören, sehen, lesen oder begreifen können.

Und es hat zugleich auch seinen Sinn, dass wir manches nicht verstehen, nicht begreifen – auch in der Bibel.

Wenn wir das »Unbegrenzte« Gottes in das »Begrenzte« unseres menschlichen Fassungsvermögens hereinholen, dann muss da etwas bleiben, das nicht in unser Denken hineinpasst, dass manches unser Verstehen übersteigt, eben weil es größer ist, als wir es sind – und das könnte ein Hinweis darauf sein, dass es um Gott geht.

Gottes Wort zeigt sich im Menschenwort – und gerade deshalb sind die biblischen Texte ein möglicher Zugangsweg zu Gott. Deswegen legt die christliche Liturgie auch einen besonderen Wert auf die Verkündigung des Wortes Gottes. Gottes Wort ist dabei natürlich noch viel mehr als das, was in der Bibel steht. Das »Wort Gottes« im eigentlichen Sinn ist für Christen zunächst kein Buch, sondern eine Person: Jesus von Nazaret: »Und das Wort ist Fleisch geworden …« (Joh 1,14).

Manches allerdings ist in der Bibel so sehr menschlich, zeitlich und kulturell gefärbt, dass es durchaus schwer sein kann, Gottes Wort darin zu entdecken.

Aber die Tatsache, dass man eine Bibelstelle nicht versteht oder damit nicht einverstanden ist, muss noch lange nicht dazu führen, dass man deswegen gleich das ganze Buch weglegt.

Ja, auch die Texte der Bibel wurden und werden immer wieder auch missbraucht, indem jemand damit einseitig eigene Interessen durchsetzt. Es gibt eine Form von »biblischem Fundamentalismus«, die alles andere als »Leben in Fülle« will.

Paulus sagt es so: »Gott ist es auch, der uns befähigt hat, Diener des Neuen Bundes zu sein, nicht des Buchstabens, sondern des Geistes; denn der Buchstabe tötet, der Geist aber macht lebendig.« (2 Kor 3,6)

Es geht darum, auch beim Lesen der Bibel den Geist Gottes zu entdecken, ihm zu folgen – durch 2000 Jahre menschliche Überlieferung hindurch – und mit all dem, was wir Menschen manchmal aus der Bibel gemacht haben …

> **Man soll die Texte so vorlesen, dass der heilige Geist sie als jene erkennt, welche er eingegeben hat.**
> Athanasius von Alexandria (298–373), Bischof und Kirchenvater[10]

Was ist wahr an der Bibel?

Die Freundin des Klosterschülers
Der Text und seine Überlieferung

Es war ein wunderschöner Maientag im Jahr 1163. Die Sonne blitzte über dem See und in der Ferne leuchteten die weißen Schneefelder der Alpen. Marcellus sah sehnsüchtig aus dem Skriptorium des Klosters und wandte sich dann seufzend wieder der Abschrift des Ersten Buches der Könige zu. Ein reicher Mann hatte diese Abschrift in Auftrag gegeben – und da er dafür viel Geld bezahlte, hatte der Abt zugestimmt und Marcellus, den jungen Klosterschüler, mit dieser Aufgabe betraut. Und so saß er jetzt mit zehn anderen jungen Männern im Schreibsaal des Klosters und schrieb sauber und sorgfältig die überlieferten Worte einer kostbaren Handschrift auf neues Pergament. Aber er war mit seinen Gedanken nicht so ganz bei der Sache. Da gab es ein junges Mädchen, die Tochter eines Bauern ganz in der Nähe, und hatte sie ihn vorgestern nicht ganz freundlich angeschaut – wenn natürlich auch nur kurz? Und da geschah es: Seine Augen rutschten einige Zeilen nach oben – und aus Versehen schrieb er die Zeile, die er gerade eben schon einmal geschrieben hatte, noch einmal ab …

Und die neue Abschrift wurde wiederum abgeschrieben – und der Schreiber hielt sich an das ihm vorliegende neue Original – und so wurde auch der Fehler, der durch einen kurzen Gedanken an eine junge und hübsche Bauerntochter entstanden war, treu und brav mit abgeschrieben.

Diese Geschichte ist natürlich erfunden – aber es kann gut so oder so ähnlich gewesen sein.

19 ⁹Elija trat dort in eine Höhle und übernachtete darin. Da erging das Wort des Herrn an ihn und er sprach zu ihm: Was tust du hier, Elija? ¹⁰Er erwiderte: Von Eifer bin ich entbrannt für den Herrn, den Gott der Heerscharen; denn die Israeliten haben dich verlassen, deine Altäre haben sie niedergerissen, deine Propheten haben sie mit dem Schwert umgebracht. Ich allein bin übrig geblieben und nun stellen sie auch meinem Leben nach. ¹¹Da sprach er: Geh hinaus und tritt auf dem Berg vor den Herrn hin! Da zog der Herr vorüber. Ein gewaltiger, heftiger Sturm, der Berge zersprengt und Felsen spaltet, ging vor dem Herrn her; aber der Herr war nicht im Sturm. Nach dem Sturm kam ein Erdbeben; aber der Herr war nicht im Erdbeben. ¹²Nach dem Erdbeben kam Feuer; aber der Herr war nicht im Feuer. Nach dem Feuer kam ein leises, sanftes Säuseln. ¹³Als Elija das vernahm, verhüllte er sein Gesicht mit seinem Mantel, ging hinaus und trat an den Eingang der Höhle. Nun drang eine Stimme zu ihm, die ihm zurief: Was tust du hier, Elija? ¹⁴Er antwortete: Von Eifer bin ich entbrannt für den Herrn, den Gott der Heerscharen; denn die Israeliten haben dich verlassen, deine Altäre haben sie niedergerissen, deine Propheten haben sie mit dem Schwert umgebracht und nun trachten sie auch mir nach meinem Leben.

1 Kön 19,9–14

Vielleicht fiel Ihnen beim Lesen dieser Schriftstelle auf, dass die Sätze »Von Eifer bin ich entbrannt für den Herrn, den Gott der Heerscharen; denn die Israeliten haben dich verlassen, deine Altäre haben sie niedergerissen, deine Propheten haben sie mit dem Schwerte umgebracht. Ich allein bin übrig geblieben, und nun stellen sie auch meinem Leben nach« innerhalb eines ganz kurzen Textabschnittes zweimal vorkommen. Die Bibelwissenschaftler können das nicht erklären. Ist es Absicht, dass diese Aussage zweimal so rasch hintereinander aufgeschrieben wurde oder liegt tatsächlich ein Abschreibfehler vor, der dann einfach so weitergegeben wurde?

Jedes Stück ein Original

Jede Handschrift eines der biblischen Bücher war ein absolutes Original – deshalb konnten sich auch nur reiche Menschen oder vermögende Klöster eine solche Abschrift oder gar ganze Bibliotheken leisten. Und wenn etwas verloren ging, war es verloren. Diese Kostbarkeit der alten Bücher wird sehr schön deutlich in Umberto Ecos Roman »Der Name der Rose«.

Man muss es sich sehr eindrücklich vor Augen führen: Nur ein Bruchteil der Menschen konnte damals lesen und schreiben; jedes Schriftstück war handgeschrieben; es gab weder Buchdruck noch Kopierer. Es war eine Vertrauenserklärung, wenn man solch ein Original zum Abschreiben geliehen bekam – und möglicherweise hatte dann der »Abschreiber« einen schlechten Tag und hat vielleicht ein Wort falsch oder eine Zeile aus Versehen doppelt abgeschrieben. Und damit bringt er die Wissenschaftler Jahrhunderte später in Verzweiflung, weil sie darüber nachgrübeln: Was will der Text uns damit sagen? Und eigentlich will der Text gar nichts sagen, sondern es handelt sich nur um einen Abschreibfehler. Andererseits muss er sich ja eventuell gar nicht verschrieben haben, sondern der Verfasser wollte vielleicht wirklich damit etwas sagen!?

Die Aufgabe der Wissenschaftler ist spannend. Sie versuchen so gut wie möglich, den ursprünglichen Text zu rekonstruieren. Und jeder neue Fund von alten historischen Schriftstücken löst natürlich immer wieder Diskussionen aus.

Qumran zum Beispiel

Qumran ist der Name einer Fundstätte in der Nähe des Toten Meeres und steht für die Entdeckung von alten hebräischen Schriftrollen in den Höhlen dieser Gegend seit 1947. Von Beduinen wurden dort ganze Schriftrollen und viele Fragmente gefunden, deren Auswertung noch immer andauert. Zerfallene Papyrusteile werden dabei puzzleartig wieder zusammengesetzt. Zum Teil sind es Texte aus dem Alten Testament, zum Teil Schriften einer besonderen Gruppe im Judentum, die vielleicht dort in der Wüste lebte. Man vergleicht diese Funde mit bekannten Textfassungen des Alten Testaments und mit anderen Schriftrollen aus dieser Zeit – entdeckt Gemeinsamkeiten, vielleicht auch kleine Unterschiede.

Aber es handelt sich eigentlich nur um »Versionen« der bereits im Großen und Ganzen bekannten Texte. Das ist sicher spannend für die Wissenschaftler, die damit Hinweise auf den »Urtext« bekommen, von dem aus die Abschriften ihren Weg nahmen. Aber viel existenziell Neues ist davon für uns »Normalverbraucher« nicht zu erwarten. Und jeder, der daraus etwas radikal anderes machen will, gehört eher zu den Medienhaien. Man kann ziemlich sicher sein: Was sich über 2000 Jahre teilweise chaotische Kirchengeschichte bis zu uns ins 3. Jahrtausend hinübergerettet hat, muss für die einzelnen Zeitepochen besonders wichtig gewesen sein, sonst hätte es dieses Chaos nicht überlebt.

Wie lange halten Nachrichten?
- auf Zeitungspapier: 10 bis 30 Jahre
- auf CD-Rom: 30 bis 100 Jahre
- auf Papier: 20 bis zu 500 Jahre
- auf Pergament: über 1000 Jahre
- auf Tontafeln: über 4000 Jahre

DIE BIBEL

Verschiedenartige Schriften,
in Hunderten von Jahren gesammelt,
begnadete Glaubenszeugnisse zahlreicher Verfasser.
Wie sollen wir diesen Schriften begegnen,
wie ihnen gerecht werden? ...
Ihre Wahrheit wird nur ergründen,
wer sich vertrauensvoll meditierend
auf ihre verschiedenen Sprachformen einlässt.
Mythologische Bilder erzählen von einer Zeit,
die geschichtlicher Kenntnis vorauslag.
Sie wollen erklären, wie und wer Gott ist.
Geschichten erzählen vom langen Weg Israels,
das diesen Gott zu verstehen sucht.
Und schließlich erzählen
die neutestamentlichen Schriften von Jesus,
der uns in seinem Wirken und Reden,
in Bildern, Gleichnissen, Lehren,
unserem Gott nahe bringt wie nie jemand zuvor.
Die Bibel – eine Fülle von Antworten
auf unsere Frage nach Gott.
Antworten, die darauf warten,
gefunden zu werden.

Gisela Baltes (*1944), Referentin der Erwachsenenbildung[11]

Und was steht jetzt eigentlich da?
Der Text und seine Übersetzungen

Die Bibelwissenschaftler stehen noch vor einem anderen Problem, nämlich dem der Übersetzung. Diese Bücher wurden damals natürlich nicht auf Deutsch geschrieben, sondern vor allem auf Hebräisch und auf Griechisch, den Sprachen der Menschen damals in ihrer Umwelt. Als die junge Kirche sich dann zunehmend nach Rom orientierte, gab es auch entsprechende lateinische Übersetzungen. Jede Übersetzung aber hat ihre Grenzen: Es gibt Wörter, die in einer Sprache so schillernd sind, dass es dafür in einer anderen Sprache mehrere Wörter gibt.

Die Eskimos zum Beispiel sollen angeblich 38 verschiedene Wörter für unser deutsches Wort »Schnee« haben. Natürlich ist dieses Volk überlebensnotwendig darauf angewiesen, die unterschiedliche Beschaffenheit des Schnees so genau zu kommunizieren, dass der andere weiß, was angesagt ist. Wir in unseren Breiten müssen dagegen nicht wissen, ob diese Art von Schnee, die gerade fällt, zum Bau von Iglus geeignet ist oder eher für die Jagd von Eisbären taugt.

Andererseits: Das deutsche Wort »Gemütlichkeit« ist so spezifisch für unsere Kultur, dass es in den meisten Sprachen dafür keine wirkliche Entsprechung gibt. Deshalb sagt man auch im Englischen beispielsweise »Gemütlichkeit«, wenn man eine gewisse Stimmung ausdrücken will.

Eigentlich müsste man die biblischen Texte in ihrer Originalsprache lesen, in der sie geschrieben wurden. Deshalb verlangt jedes Theologiestudium auch Kenntnisse in Latein, Griechisch und Hebräisch. Die Kenntnis der Originalsprachen mag sicher hilfreich sein, um manche Akzente besser zu verstehen, aber ob die faktischen Sprachkenntnisse alleine ausreichen, einen Text auch »gefühlsmäßig« zu »verstehen«, das darf man getrost in Zweifel ziehen. Und die Herausforderungen kann wohl jeder nachvollziehen, der einmal versucht hat, eine Fremdsprache zu erlernen.

Verschiedene Übersetzungen

Im deutschen Sprachraum haben wir immerhin den Vorteil, dass wir auf verschiedene Übersetzungen zurückgreifen können. Bleiben wir beim 1. Buch der Könige. Dort haben wir vorhin den Satz gelesen (1 Kön 19,12):

Nach dem Feuer kam ein leises, sanftes Säuseln.

Das ist der Text der *Herder-Übersetzung,* die wir diesem Buch in der Regel zugrunde legen. In der *Einheitsübersetzung* heißt es:

Nach dem Feuer kam ein sanftes, leises Säuseln.

Zwischen diesen beiden Versionen sind die Unterschiede jetzt noch nicht so groß, nur die Reihenfolge der Eigenschaftswörter ist hier vertauscht. In der *Lutherbibel* ist die Stelle so übersetzt:

Und nach dem Feuer kam ein stilles sanftes Sausen.

Und so langsam wird man nachdenklich: Gibt es überhaupt ein »stilles Sausen«? Aber gehen wir noch einen Schritt weiter.

Es gibt eine »Verdeutschung« des Alten Testaments von *Martin Buber* und *Franz Rosenzweig*, zwei deutschsprachigen Juden des 20. Jahrhunderts. Bei ihnen finden wir den Satz:

Aber nach dem Feuer eine Stimme verschwebenden Schweigens.

Wohlgemerkt: Wir haben uns noch nicht einen einzigen Gedanken darüber gemacht, was uns diese Stelle aus dem Buch der Könige sagen will – sondern waren bisher nur mit der Frage beschäftigt, ob da eventuell ein Abschreibfehler vorliegt und wie man diesen einen Satz übersetzen kann.

Zugegeben: Solche Überlegungen sind fast schon eine »Luxus-Ausführung« für Nicht-Theologen, und man muss das auch nicht wissen, um die Bibel lesen und – zumindest meistens – auch verstehen zu können. Aber es soll an dieser Stelle einmal exemplarisch deutlich gemacht werden, auf welche Schwierigkeiten eine scheinbar so einfach lautende Frage stoßen kann wie:

Ist die Bibel wörtlich zu verstehen?

Die Alternative »falsch« oder »richtig« ist bei der Beurteilung von Bibelübersetzungen zu kurz gegriffen. Man muss einfach wissen, was man tut und welche Art von Übersetzung man vor sich hat. Und darüber mit anderen ins Gespräch kommen. Dann hat (fast) jede Bibelübersetzung ihre Berechtigung und ihren eigenen Wert.

Dieter Bauer (*1956), Referent im Katholischen Bibelwerk Stuttgart und Redakteur der Zeitschrift »Bibel heute«[12]

Schritt 9
Ist die Bibel wörtlich zu verstehen?
Der Text und seine Bedeutungen

❧ Schwierigkeiten bereiten mir eigentlich nicht die Bibelstellen, die ich nicht verstanden habe, sondern diejenigen, die ich verstehe.

Mark Twain zugeschrieben[13]

❧ Es gibt nur zwei Weisen, mit der Schrift umzugehen: Entweder man nimmt sie wörtlich oder man nimmt sie ernst. Beides zusammen verträgt sich nur schlecht.

Pinchas Lapide (1922–1997),
jüdischer Religionswissenschaftler[14]

Eigentlich beantwortet sich die Frage nach den vorangegangenen Kapiteln von selbst: Der unterschiedliche Blickwinkel der Verfasser, der zeitliche und kulturelle Kontext, die Schwierigkeit verschiedener »Versionen« und nicht zuletzt die Frage der Übersetzung haben schon deutlich gemacht, dass es sicher nicht angesagt ist, die Bibel »wortwörtlich« zu verstehen.

Der folgende Text wurde im Internet verbreitet (deutsche Übersetzung von Harald Havas). Er ist ein »offener Brief« an die amerikanische Radio-Ratgeberin Laura Schlessinger, die Anrufern ihrer Sendung erklärt hatte, Homosexualität sei unter keinen Umständen zu befürworten, da diese nach Lev 18,22 ein »Gräuel« ist:

Liebe Dr. Laura Schlessinger,
vielen Dank, dass Sie sich so aufopfernd bemühen, den Menschen die Gesetze Gottes näher zu bringen. Ich habe einiges durch Ihre Sendung gelernt und versuche, das Wissen mit so vielen wie möglich zu teilen. Wenn etwa jemand versucht, einen homosexuellen Lebenswandel zu verteidigen, erinnere ich ihn einfach an Levitikus 18,22, wo klargestellt wird, dass es sich dabei um ein »Gräuel« handelt. Ende der Debatte. Ich benötige jedoch einige Ratschläge von Ihnen im Hinblick auf einige der spezielleren Gesetze und wie sie zu befolgen sind:

1. Wenn ich am Altar einen Stier als Brandopfer darbringe, weiß ich, dass dies für den Herrn einen lieblichen Geruch erzeugt (Lev 1,9). Das Problem sind meine Nachbarn. Sie behaupten, der Geruch sei nicht lieblich für sie. Soll ich sie niederstrecken?

2. Ich würde gern meine Tochter in die Sklaverei verkaufen, wie es in Ex 21,7 erlaubt wird. Was wäre Ihrer Meinung nach heute ein angemessener Preis für sie?

3. Ich weiß, dass ich mit keiner Frau in Kontakt treten darf, wenn sie sich im Zustand ihrer menstrualen Unreinheit befindet (Lev 15,19-24). Das Problem ist – wie kann ich das wissen? Ich habe versucht zu fragen, aber die meisten Frauen reagieren darauf pikiert.

4. Lev 25,44 stellt fest, dass ich Sklaven besitzen darf, sowohl männliche als auch weibliche, wenn ich sie von benachbarten Nationen erwerbe. Einer meiner Freunde meint, das würde auf Mexikaner zutreffen, nicht aber auf Kanadier. Können Sie das erklären? Warum darf ich keine Kanadier besitzen?

5. Ich habe einen Nachbarn, der stets am Samstag arbeitet. Ex 35,2 stellt deutlich fest, dass er getötet werden muss. Allerdings: Bin ich moralisch verpflichtet, ihn eigenhändig zu töten?

6. Ein Freund von mir meint, obwohl das Essen von Schalentieren wie Muscheln und Hummer ein »Gräuel« darstellt (Lev 11,10), sei es ein geringfügigeres »Gräuel« als Homosexualität. Dem stimme ich nicht zu. Können Sie das klarstellen?
7. In Lev 21,20 wird dargelegt, dass ich mich dem Altar Gottes nicht nähern darf, wenn meine Augen von einer Krankheit befallen sind. Ich muss zugeben, dass ich eine Lesebrille trage. Muss meine Sehkraft perfekt sein, oder gibt es hier ein wenig Spielraum?
8. Die meisten meiner männlichen Freunde lassen sich Haupt- und Barthaare scheren, obwohl das eindeutig durch Lev 19,27 verboten wird. Wie sollen sie dafür sterben?
9. Ich weiß aus Lev 11,26–28, dass das Berühren der Haut eines toten Schweins mich unrein macht. Darf ich aber dennoch Fußball spielen, wenn ich dabei Handschuhe trage?
10. Mein Onkel hat einen Bauernhof. Er verstößt gegen Lev 19,19, weil er zwei verschiedene Saaten auf ein und demselben Feld anpflanzt. Darüber hinaus trägt seine Frau Kleider, die aus zwei verschiedenen Stoffen gemacht sind (Baumwolle/Polyester). Er flucht und lästert außerdem recht oft. Ist es wirklich notwendig, dass wir den ganzen Aufwand betreiben, das ganze Dorf zusammenzuholen, um sie zu steinigen (Lev 24,10–16)? Genügt es, wenn wir sie in einer kleinen familiären Zeremonie verbrennen, wie man es ja auch mit Leuten macht, die mit ihren Schwiegermüttern schlafen (Lev 20,14)?

Ich weiß, dass Sie sich mit diesen Dingen ausführlich beschäftigt haben, daher bin ich auch zuversichtlich, dass Sie behilflich sein können. Und vielen Dank nochmals dafür, dass Sie uns daran erinnern, dass Gottes Wort ewig und unabänderlich ist.

Ihr ergebener Jünger und bewundernder Fan[15]

Aber selbst, wenn wir die Feinheiten von Überlieferung und Übersetzung einmal beiseite lassen – in allen vier oben genannten Bibelübersetzungen (Einheitsübersetzung, Lutherbibel, Herder-Bibel und Buber-Rosenzweig) steht, dass Gott die Welt in sechs Tagen erschaffen hat. Da wir aufgeklärte Menschen sind, wissen wir natürlich, dass das rein sachlich so nicht stimmen kann. Und weil (anscheinend) diese Geschichte nicht stimmt, dann gilt das auch für alles andere in der Bibel!

Menschen vor 3000 Jahren waren weder in der Lage, noch daran interessiert, eine physikalisch-molekulare oder chemische Abhandlung zu erarbeiten, was alles zur Entstehung unseres Planeten geführt hat. Das waren Menschen, die oft noch nicht einmal die elementarsten Naturgewalten erklären konnten, sondern ihnen nur ausgeliefert waren.

Aber sie stellten die gleichen Fragen, die sich Menschen heute immer noch stellen: Wozu bin ich auf der Welt? Wo komme ich her? Wo gehe ich hin, wenn ich tot bin? Wie erklärt sich das alles? Und sie hatten damals keine Chance, diese Fragen mit dem Drücken der nächsten Programmtaste am Fernseher, dem Besuch im Kino oder noch einem Termin mehr zu verdrängen – die Wüstennächte waren auch vor 3000 Jahren lang und dunkel, einsam und existenziell.

In allen Völkern auf der ganzen Erde entstanden Mythen und Sagen darüber, wie die Welt entstanden ist – und welche Aufgabe der Mensch und welche Rolle Gott darin hat. Da ist das Volk Israel keine Ausnahme. Da aber niemand bei der Weltentstehung dabei war, flossen die damaligen Vorstellungen in diese Erzählungen ein. Und diese Erzählungen sagen etwas über diesen Gott aus, an den das Volk damals geglaubt hat. Die Erzählung über die Erschaffung der Welt ist somit kein Tatsachenbericht, sondern eine Glaubensaussage über einen Gott, der von Anfang an alles ins Dasein gerufen hat.

- Es gibt *einen* Gott – und in diesem Fall ist diese Aussage besonders wichtig, da Israel sich damit von seinen Nachbarvölkern abgrenzte, die an eine Vielzahl von Göttern glaubten, die jeweils für einzelne Bereiche im Leben zuständig waren. Es gibt Gott – und es gibt nur einen Gott!
- Dieser eine Gott hat die Welt erschaffen! Er ist zuständig für all das, was im Leben der Menschen vorkam, was sie erlebten.
- Und diese Welt ist gut so, wie sie von Gott erschaffen ist!

Das soll damit gesagt werden, wenn das Volk Israel die Entstehung der Welt so beschreibt, wie es uns in diesen uralten Texten überliefert wird.

Wie die Welt entstanden ist, wussten die Menschen damals natürlich nicht. Und so bauten sie eben all das in die Erzählung ein, was sie erlebten und vorfanden. Sie erlebten Tag und Nacht, Land und Meer, Sonne und Mond, Tiere und Pflanzen – und das eigene Dasein als Menschen. Und sie erkannten in Gott den Urheber von allem. Außerdem bauten sie eine Erfahrung ein, die sie mit diesem Gott gemacht hatten – nämlich das Geschenk des Sabbats, des geheiligten siebten Tages. Das hatte sich in der Geschichte des Volkes so sehr bewährt, dass man es originär Gott zuschrieb, um diesem Gebot, dieser Erfahrung damit mehr Wirksamkeit zu verleihen.

Und so mag die folgende Geschichte entstanden sein (Gen 1,1 – 2,4a). Zum Verständnis dieses Textes kann eine Skizze des altorientalischen Weltbildes hilfreich sein. Der Himmel als Gewölbe, das auf Pfeilern in einem Ozean verankert ist, spannt sich über die auf diesem Ozean schwimmende Scheibe (Erde). Der Thron Gottes im Himmel spiegelt den Thron des Königs auf Erden. In Israel sind die Pfeiler der Erde gegründet auf der Weisung Gottes.

1 ¹Im Anfang schuf Gott den Himmel und die Erde. ²Die Erde aber war wüst und leer. Finsternis lag über dem Abgrund und der Geist Gottes schwebte über den Wassern.

³Da sprach Gott: Es werde Licht! Und es wurde Licht. ⁴Gott sah, dass das Licht gut war, und Gott schied zwischen dem Licht und der Finsternis. ⁵Gott nannte das Licht Tag und die Finsternis nannte er Nacht. Es wurde Abend und es wurde Morgen: erster Tag.

⁶Nun sprach Gott: Es werde ein Gewölbe inmitten der Wasser und scheide zwischen Wasser und Wasser! Und es geschah so. ⁷Gott machte das Gewölbe und es schied zwischen den Wassern unterhalb des Gewölbes und den Wassern oberhalb des Gewölbes. ⁸Gott nannte das Gewölbe Himmel. Es wurde Abend und es wurde Morgen: zweiter Tag.

⁹Nun sprach Gott: Es sammle sich das Wasser, das unter dem Himmel ist, zu einer Ansammlung und es erscheine das trockene Land! Und es geschah so. ¹⁰Gott nannte das trockene Land Erde und die Ansammlung des Wassers nannte er Meer. Und Gott sah, dass es gut war. ¹¹Dann sprach Gott: Es lasse die Erde Grünes hervorsprießen, Pflanzen, die Samen bringen, und Bäume, die Früchte auf der Erde tragen, in denen ihr Same ist! Und es geschah so. ¹²Die Erde brachte Grünes hervor, Pflanzen, die Samen bringen nach ihrer Art, und Bäume, die Früchte tragen nach ihrer Art, in denen ihr Same ist. Und Gott sah, dass es gut war. ¹³Es wurde Abend und es wurde Morgen: dritter Tag.

¹⁴Nun sprach Gott: Es sollen Leuchten werden am Gewölbe des Himmels, damit sie scheiden zwischen dem Tag und der Nacht; sie sollen als Zeichen dienen für Festzeiten, Tage und Jahre. ¹⁵Sie sollen Leuchten sein am Gewölbe des Himmels, um über die Erde zu leuchten. Und es geschah

so. ¹⁶Gott machte die beiden großen Leuchten, die größere Leuchte zur Herrschaft über den Tag, die kleinere Leuchte zur Herrschaft über die Nacht, dazu die Sterne. ¹⁷Gott setzte sie an das Gewölbe des Himmels, damit sie über die Erde leuchten, ¹⁸damit sie über den Tag und über die Nacht herrschen und zwischen dem Licht und der Finsternis scheiden. Und Gott sah, dass es gut war. ¹⁹Es wurde Abend und es wurde Morgen: vierter Tag.

²⁰Nun sprach Gott: Es sollen die Wasser wimmeln vom Gewimmel lebendiger Wesen und Vögel sollen über die Erde am Gewölbe des Himmels hinfliegen! Und es geschah so. ²¹Gott schuf die großen Seetiere und alle lebendigen Wesen, die sich regen und von denen das Wasser wimmelt, nach ihren Arten, und alle geflügelten Vögel nach ihren Arten. Und Gott sah, dass es gut war. ²²Gott segnete sie und sprach: Seid fruchtbar und vermehrt euch und erfüllt das Wasser in den Meeren mit Leben und die Vögel sollen sich vermehren auf der Erde. ²³Es wurde Abend und es wurde Morgen: fünfter Tag.

²⁴Nun sprach Gott: Die Erde bringe lebendige Wesen hervor nach ihren Arten: Vieh, Kriechtiere und Wild des Feldes nach ihren Arten! Und es geschah so. ²⁵Gott machte das Wild des Feldes nach seinen Arten, das Vieh nach seinen Arten und alle Kriechtiere auf dem Erdboden nach seinen Arten. Und Gott sah, dass es gut war. ²⁶Nun sprach Gott: Lasst uns den Menschen machen nach unserem Bild, uns ähnlich. Sie sollen herrschen über die Fische des Meeres und über die Vögel des Himmels, über das Vieh und über alles Wild des Feldes und über alle Kriechtiere auf dem Erdboden! ²⁷Und Gott schuf den Menschen nach seinem Bild, nach dem Bild Gottes schuf er ihn, als Mann und Frau schuf er sie. ²⁸Gott segnete sie und Gott sprach zu ihnen:

Seid fruchtbar und vermehrt euch und bevölkert die Erde und macht sie euch untertan! Herrscht über die Fische des Meeres und über die Vögel des Himmels und über alle Tiere, die sich auf der Erde regen! [29]Dann sprach Gott: Seht, ich übergebe euch alle Pflanzen, die Samen bringen auf der ganzen Erde, und alle Bäume mit Früchten, die Samen bringen: das sei eure Nahrung. [30]Allen Tieren des Feldes, allen Vögeln des Himmels und allem, was sich auf der Erde regt und Leben in sich hat, gebe ich alle grünen Pflanzen zur Nahrung! [31]Und es geschah so. Und Gott sah alles, was er gemacht hatte, und siehe, es war sehr gut. Es wurde Abend und es wurde Morgen: sechster Tag.

2 [1]So wurden Himmel und Erde mit ihrem ganzen Heer vollendet. [2]Gott vollendete am siebten Tag sein Werk, das er gemacht hatte, und ruhte am siebten Tag von seinem ganzen Werk, das er gemacht hatte. [3]Und Gott segnete den siebten Tag und heiligte ihn, denn an ihm ruhte er von seinem ganzen Schöpfungswerk.

[4a]Dies ist die Entstehungsgeschichte des Himmels und der Erde, als sie erschaffen wurden.

Wer dies als Tatsachenbericht lesen will, geht an der Aussageabsicht des Textes vorbei – die Bibel ist kein Geschichts- oder Naturkundebuch, sondern ein Glaubensbuch. Und das wird ganz besonders dann deutlich, wenn man weiterliest (Gen/1 Mose 2,4–25):

2 [4b]Am Tag, da Gott, der Herr, Himmel und Erde schuf, [5]gab es auf der Erde noch keine Feldsträucher und es wuchsen noch keine Feldpflanzen. Denn Gott, der Herr, hatte es noch nicht auf die Erde regnen lassen und der Mensch war noch nicht da, um den Erdboden zu bebauen. [6]Da stieg eine

Flut von der Erde auf und tränkte das ganze Land. ⁷Dann bildete Gott, der Herr, den Menschen aus Staub von dem Erdboden und blies in seine Nase einen Lebenshauch. So wurde der Mensch ein lebendes Wesen.

⁸Gott, der Herr, pflanzte einen Garten in Eden, im Osten, und setzte den Menschen hinein, den er gebildet hatte. ⁹Und Gott, der Herr, ließ aus der Erde allerlei Bäume wachsen, verlockend anzusehen und gut davon zu essen, den Baum des Lebens mitten im Garten und den Baum der Erkenntnis des Guten und Bösen. ¹⁰Ein Strom ging von Eden aus, um den Garten zu bewässern, und von dort teilte er sich in vier Arme. ¹¹Der Name des einen ist Pischon: Er umfließt das ganze Land Hawila, wo Gold vorkommt. ¹²Das Gold dieses Landes ist vorzüglich; dort gibt es auch Bdelliumharz und den Schoham-Edelstein. ¹³Der Name des zweiten Flusses ist Gihon: Er umfließt das ganze Land Kusch. ¹⁴Der Name des dritten Flusses ist Tigris: Er fließt östlich von Assur. Der vierte Fluss ist der Eufrat. ¹⁵Gott, der Herr, nahm den Menschen und setzte ihn in den Garten Eden, damit er ihn bebaue und bewache. ¹⁶Und Gott, der Herr, gab dem Menschen dieses Gebot: Von allen Bäumen des Gartens darfst du essen. ¹⁷Von dem Baum der Erkenntnis des Guten und Bösen aber darfst du nicht essen. Denn am Tag, da du davon isst, musst du sicher sterben.

¹⁸Dann sprach Gott, der Herr: Es ist nicht gut, dass der Mensch allein sei. Ich will ihm eine Hilfe machen, die ihm entspricht. ¹⁹Gott, der Herr, bildete noch aus dem Erdboden alle Tiere des Feldes und alle Vögel des Himmels und er führte sie zum Menschen, um zu sehen, wie er sie benennen würde: so, wie der Mensch sie benennen würde, sollte ihr Name sein. ²⁰Da gab der Mensch allem Vieh und den Vögeln des Himmels und allem Wild des Feldes Namen. Aber

die Hilfe, die dem Menschen entsprochen hätte, fand er nicht. ²¹Nun ließ Gott, der Herr, einen tiefen Schlaf über den Menschen fallen und dieser schlief ein; er nahm eine von seinen Rippen und schloss das Fleisch an ihrer Stelle zu. ²²Dann baute Gott, der Herr, die Rippe, die er vom Menschen genommen hatte, zu einer Frau und führte sie zum Menschen. ²³Da sprach der Mensch: Das ist endlich Bein von meinem Bein und Fleisch von meinem Fleisch! Diese soll Frau heißen, weil sie vom Mann genommen ist. ²⁴Darum wird der Mann seinen Vater und seine Mutter verlassen und sich an seine Frau binden und sie werden zu einem Fleisch. ²⁵Beide waren nackt, der Mensch und seine Frau. Aber sie schämten sich nicht voreinander.

Da kann man schon ein wenig stutzig werden: Die Entstehung der Welt wird gleich noch ein zweites Mal beschrieben! Und noch dazu wird das ganz anders erzählt als beim ersten Mal! Leicht kann da die Frage auftauchen: Was stimmt denn jetzt?

Diese Frage führt uns jedoch nicht weiter. Viel entscheidender ist die Frage: Was wollten die jeweiligen »Verfasser« uns mit ihrer Erzählung verkünden? Was ist ihre »Erzählabsicht«?

Wenn man beide Texte vergleicht, wird schnell deutlich, dass Unterschiedliches betont wird.

Die zweite Erzählung entstand wohl in einer Wüstensituation, in der das Wasser eine bedeutende Rolle spielt. Der Mensch wird von Gott geschaffen – und die ganze Schöpfung wird auf ihn hin geschaffen: Der Mensch ist die Mitte der Schöpfung.

Die erste Erzählung ist wahrscheinlich jünger (etwa aus dem 5. Jahrhundert v. Chr.). Sie ist in einem Schema abgefasst, das vor allem die kunstvolle Ordnung der Welt hervorheben will: Der Mensch, Mann und Frau sind als »Bild Gottes« in der Welt Verwalter der Schöpfung. Hier erscheint zum Beispiel das Wasser eher als bedrohendes Element, so dass man davon ausgeht, dass diese Erzählung in einem Gebiet entstand, das von Überschwemmungen heimgesucht wurde.

Es sind zwei verschiedene Erzählstränge, die man nicht gegeneinander ausspielen wollte, sondern sie deshalb nebeneinander in die Bibel aufgenommen hat.

Und was heißt das jetzt?

Braucht man die Bibel also nicht wortwörtlich zu verstehen?

Jetzt könnte man es sich sehr einfach machen und sagen: Ja, die Bibel ist nicht wortwörtlich zu verstehen. Und wäre damit gut aus dem Schneider, wenn es um so radikale Forderungen geht wie: »Liebt eure Feinde!« (Mt 5,44), »Selig die Armen!« (Lk 6,20), »Ist das ein Fasten, wie ich es liebe?« (Jes 58,5f)

Es gibt Aussagen in der Bibel, an denen wir nicht vorbeikommen. Die Bibel ist nicht nur ein nettes Buch, sondern ist Wort Gottes, uns durch Menschen zugesagt. Das beinhaltet alle menschlichen Unzulänglichkeiten – aber als Christen glauben wir daran, dass diese Schriften von Gott selbst inspiriert worden sind, dass in den Evangelien authentische Lebensworte Jesu stehen, dass es in der Bibel Grundwahrheiten gibt, die Lebenserfahrung und -weisheit widerspiegeln. Und die sich auch noch bewährt haben …

Ist die Bibel wortwörtlich zu verstehen? Nein und Ja. Es gibt einen kulturellen und zeitlichen Kontext. Es waren Menschen, die das Wort Gottes aufgeschrieben haben. Aber all das darf nicht zur billigen Entschuldigung werden, sich der Radikalität des Wortes Gottes zu entziehen.

Unterscheidung der Geister

Es geht um eine »Unterscheidung der Geister«, wie es Ignatius von Loyola, der Gründer des Jesuitenordens, dargestellt hat. Die Grundidee lautet: »Wenn es dich lebendiger macht, ist es von Gott«. Lebendiger – das heißt nicht: Einfacher, glücklicher, harmonischer, leichter …; lebendiger – das heißt, sich zu spüren, zu sein, mit Tränen und Lachen, mit

Grenzen und Träumen, mit Ängsten und Hoffnungen, mit Freude und Dankbarkeit.

Gott ist nicht in der »light-Version« zu haben. Genauso wenig wie es das Leben in der »light-Version« gibt. Irgendwann holt es jeden von uns ein: Krankheit, Alter, Grenzen, Tod. Leben ist radikal, das geht im wahrsten Sinne des Wortes an die Wurzeln. Die einen erfahren dies früher, die anderen später.

Und genau davon erzählt die Bibel. Sie versucht, diese menschlichen Erfahrungen in Beziehung mit Gott zu bringen.

Deshalb ist die Bibel auch immer radikal – denn es geht um das Leben!

VERSCHIEDENE ZUGÄNGE ZUR BIBEL

In den letzten Jahren wurden eine ganze Reihe unterschiedlichster Zugänge zur Bibel entwickelt. Dadurch werden verschiedene Ebenen eines Textes besser sichtbar.

Jeder Zugang zur Bibel ist so weit richtig, wichtig und wertvoll, solange er nicht die Forderung oder Behauptung aufstellt, der einzig mögliche oder richtige zu sein!

Soziologischer Zugang

Im Bibeltext werden besonders die gesellschaftlichen Strukturen angeschaut. Mit konkreten Fragen wird vor allem die Aktualität biblischer Texte bewusst gemacht.
- Welche sozialen Gruppen/Schichten kommen vor?
- Gibt es ein starkes soziales Gefälle?
- Wie sieht das Zusammenspiel von Politik und Religion aus?
- Welche sozialen Haltungen werden angeprangert oder propagiert?

(Tiefen)psychologischer Zugang

Religion steht immer in einem Dialog- und Spannungsverhältnis zum Unbewussten. In biblischen Texten tauchen viele symbolische Begriffe und allgemeine Symbole auf, die in eine tiefere, andere Bewusstseinsebene führen. Wenn Texte von der »Nacht«, von »Blindheit«, »Lähmungen«, »Kampf« ... sprechen, so kann die symbolische Deutung dieser Begriffe oft zielführend für das Verständnis und den eigenen Zugang zu diesen Texten sein.

Befreiungstheologischer Zugang

Ausgehend von der konkreten Realität wird die Bibel auf Texte hin gelesen, die dem Leben im Widerstand Trost und der Hoffnung Nahrung schenken. Glaube kann nicht neutral bleiben, sondern muss sich immer stark machen für die Unterdrückten und die Armen dieser Welt. Einer der zentralen Hoffnungstexte ist die Erzählung vom Exodus, die Befreiung des Volkes Israel aus der Knechtschaft Ägyptens.

Feministischer Zugang

Die Bibeltexte sind in einer patriarchalischen Gesellschaft entstanden und wurden von Männern geschrieben. Selbst Texte, in denen Frauen eine Hauptrolle spielen, wurden mit dem Blick durch die männliche Brille formuliert. Dennoch sprechen sie Frauen, die gar nicht dem damaligen Rollenbild entsprachen, einen nicht unbedeutenden Einfluss auf die Heilsgeschichte zu. Diese Art der Bibelauslegung deckt Vorurteile und Rollenzuweisungen auf und versucht, dem Alltag der Frauen auf die Spur zu kommen und einseitige Frauenbilder in Kirche und Gesellschaft aufzubrechen.

Kanonischer Zugang

Der kanonische Zugang nimmt immer die Bibel als Ganzes in ihrer vorliegenden Endgestalt in den Blick (zu »Kanon« vgl. Seite 38 in diesem Buch).

Kein Zugang: Fundamentalistischer Umgang

Der wortwörtliche Umgang mit der Schrift, bei dem alles 1:1 ins Heute übertragen wird, ist abzulehnen! Er wird meist in Gruppen verwendet, die indirekt eine Form der Selbstaufgabe des Denkens fordern und in denen der erwachsene Mensch in seiner Mündigkeit nicht ernst genommen wird. Oft werden mit dieser unkritischen Interpretation gewisser Bibeltexte politische Ideen oder soziales Verhalten gerechtfertigt – auch dann, wenn es genau im Gegensatz zum Evangelium steht.

Ingrid Penner[16]

DIE BIBEL VERSTEHEN

Anselm Grün (*1945), Benediktinermönch und spiritueller Autor[17]

Es sind wunderbare Erzählungen, Gedichte, Lieder, Mythen und Märchen, die die biblischen Schriftsteller weitergeben. Es sind unübertroffene Dichtungen, die da überliefert sind. In ihrer Einfachheit bringen sie das Leben des Menschen in seiner Beziehung zu Gott zum Ausdruck. Doch die Bibel ist noch mehr als Menschenwort. Sie ist Gotteswort. Das Wort Gottes fällt allerdings nicht vom Himmel. Es wird durch Menschen aufgeschrieben, die ihre Erfahrungen mit Gott ins Wort bringen. Doch in diesem menschlichen Wort – das glauben Christen – spricht Gott selbst. Da zeigt er authentisch, wie es um den Menschen steht, wer der Mensch und wer Gott ist, wie Gott am Menschen handelt.

Vielen bleibt die Bibel fremd. Sie lesen die Worte, aber verstehen sie nicht. Das alles scheint eine andere Welt zu sein. Andere lesen sie durch die Brille ihrer Angst. Daher erschrecken sie vor den manchmal grausam erscheinenden Gottesworten. Doch die Worte der Bibel sind Worte des Lebens, Worte, die Leben spenden. Es sind Worte des Heils, Worte, die den Menschen in seiner Zerrissenheit heilen und aufrichten möchten. Es kommt auf die richtige Brille an, mit der wir an die Bibel herangehen. Der große Augustinus, der als Professor Rhetorik unterrichtete, hat das Kriterium angegeben, wie wir die Bibel lesen sollen. Er sagt: »Das Wort Gottes ist der Gegner deines Willens, bis es der Urheber deines Heiles wird. Solange du dein eigener Feind bist, ist auch das Wort Gottes dein Feind. Sei dein eigener Freund, dann ist auch das Wort Gottes mit dir im Einklang.« Wenn uns ein Wort der Schrift zunächst ärgert, dann ist das ein Zeichen dafür, dass wir uns über uns selbst ärgern, dass wir nicht im Einklang sind mit uns selbst. Das Lesen der Bibel ist wie ein Ringen, bis wir mit uns selbst eins werden. Wenn wir das Wort verstehen, verstehen wir auch uns selber neu. Wenn wir die Bibel richtig verstehen, gehen wir gut mit uns selbst um, dann kommen wir in Einklang mit uns selbst, dann werden wir unser eigener Freund.

❧ Mit (den Psalmen) der Bibel ist es wie mit dem Brot. Über das Brot kann man diskutieren, man kann es analysieren, chemisch in seine Bestandteile auflösen …, doch nur dem, der Brot isst, gibt und stärkt es das Leben.

Erich Zenger (1939–2010), katholischer Bibelwissenschaftler[18]

Schritt 10: Radikal? – Ja gut, aber die Bibel ist auch grausam

Auge um Auge

»Auge um Auge, Zahn um Zahn ...« – das kann ja wohl keine Botschaft eines liebenden Gottes sein! Und an so einen Gott sollen wir glauben?

Das ist tatsächlich ein Zitat aus der Bibel – und wahrscheinlich eines jener Zitate, die am häufigsten falsch verstanden wurden. Es ist immer hilfreich und notwendig, wenn man auf solch einen Bibelvers stößt, den Gesamtkontext anzuschauen. Und da lesen wir:

21 ²²Wenn Männer miteinander raufen und dabei eine schwangere Frau stoßen, dass eine Fehlgeburt eintritt, sie aber nicht stirbt, dann soll der Schuldige eine Geldbuße in der Höhe leisten, die ihm der Ehemann der Frau nach dem Spruch von Schiedsrichtern auferlegt. ²³Stirbt sie aber daran, dann gilt: Leben um Leben, ²⁴Auge um Auge, Zahn um Zahn, Hand um Hand, Fuß um Fuß, ²⁵Brandmal um Brandmal, Wunde um Wunde, Strieme um Strieme.

Ex 21,22–25

Ein Kapitel zuvor wird beschrieben, wie Gott seinem auserwählten Volk seine Weisungen mit auf den Weg gibt, die »Zehn Gebote«. Sie sollen nicht dazu dienen, seinem Volk den Spaß am Leben zu verderben, sondern sie haben die Funktion, die mühsam gewonnene Freiheit des Menschen aus fremden und eigenen Gefängnissen zu bewahren. »Du sollst nicht töten«, so heißt eines der Gebote, die Gott gibt.

Und das ist für die Zeit und Kultur damals ein erheblicher Fortschritt. Den anderen, den Feind, zu töten, das gehörte fast schon zum guten Ton. Und dann reift die Erkenntnis: Du sollst nicht töten! Denn wer tötet, muss immer in der Angst leben, selbst getötet zu werden – und das macht unfrei. Dort, wo sich Menschen auf eine derartige Vereinbarung verlassen können, dass niemand tötet, können Freiheit und Vertrauen wachsen. Das schließt den Missbrauch einer solchen Vereinbarung nicht aus – aber ist deswegen die Vereinbarung schlecht? Durch den Missbrauch von Autos werden unschuldige Menschen getötet – aber deswegen käme niemand auf die Idee, das Auto abzuschaffen.

Das Volk hat dann versucht, diese sehr grundsätzlichen Gebote Gottes in Alltagsregeln umzusetzen. Die Passage, die wir gerade eben gelesen haben, steht im Kapitel »Körperverletzungen« – und da finden wir auch solche Regeln wie:

Wenn ein Rind einen Mann oder eine Frau so stößt, dass der Tod eintritt, ist das Rind zu steinigen, sein Fleisch darf nicht gegessen werden. Der Eigentümer des Rindes bleibt jedoch straffrei.

Ex 21,28

Natürlich ist das kein Gesetz, das so buchstabengetreu von Gott kommt und das heute noch wortwörtlich zu befolgen wäre.

Aber versetzen wir uns einmal 3000 Jahre zurück: Ein Rind läuft Amok und tötet tatsächlich einen Menschen. Gut denkbar, dass dann die Angehörigen auf Rache sinnen und die ganze Herde samt dem unglückseligen Besitzer hinmetzeln. Dazu müssen wir keine 3000 Jahre zurückgehen. Der Gedanke an »Sippenhaft« ist durchaus auch heute noch anzutreffen!

Das Volk der Israeliten hat versucht, die Weisung Gottes »Du sollst nicht töten!« auf seine Weise in den Alltag zu übersetzen:

Wenn ein Rind einen Menschen tötete, dann hatte eben niemand das Recht, die ganze Herde samt dem Besitzer zu erschlagen, sondern nur das entsprechende Rind.

Wenn jemand einen Menschen in einer Familie tötete, dann hatte keiner das Recht, fünf andere aus der Familie des Mörders auszulöschen.

Wenn einer jemandem ein Auge ausstach, dann durften dem Täter nicht beide Augen ausgestochen werden.

Wenn jemandem ein Zahn ausgeschlagen wurde, hatte er nicht das Recht, dem anderen das ganze Gebiss einzuschlagen.

Für uns erscheinen diese Bilder grausam – aber auch unseren Vorfahren vor 3000 Jahren hier in Europa hatten wohl keine Bedenken, entsprechend zuzuschlagen.

»Auge um Auge, Zahn um Zahn« – das war für die damalige Zeit ein großer menschlicher Fortschritt – es setzte nämlich der Gewalt eine Grenze und unterband damit eine weitere Eskalation. Und manchem Politiker oder Chef eines Großkonzerns der heutigen Tage wäre eine solche Lebensregel durchaus zu wünschen.

Verzicht auf Rache

Gehen wir in der Geschichte dieses Volkes noch ein wenig weiter. Dort lesen wir:

Abgewichen sind die Gottlosen vom Mutterleib an; vom Schoß der Mutter an gehen irrige Wege die Lügner. Gift ist in ihnen wie Schlangengift, wie Gift einer tauben Otter, die verschließt ihre Ohren. Nicht will sie vernehmen des

Zauberers Stimme, des Schlangenbeschwörers, der kundig starker Beschwörung. Brich ihnen aus, o Gott, die Zähne im Mund, Herr, das Gebiss zerschlage den Löwen.

Ps 58,4–7

Natürlich klingt das brutal – noch dazu in einer Zeit, in der es keine Zahnärzte gab, die ein solch zerschlagenes Gebiss wieder halbwegs richten konnten. Und doch täuscht der erste Eindruck.

Dem Feind wird das Schlimmste gewünscht, das man sich vorstellen kann – aber man schreitet nicht mehr selbst zur Tat. Man gesteht sich diesen Rachegedanken ein – aber die Rache selbst wird Gott übergeben. Ihn erkennt man als Anwalt der Gerechtigkeit an – und es können ihm zwar ein paar Dinge vorgeschlagen werden, aber auf die Ausführung der Rache wird verzichtet. Daran lässt sich erahnen, welche Entwicklung ein Volk hier gemacht hat!

Feindesliebe

Tausend Jahre später verkündet einer aus eben diesem Volk: **Euch, die ihr zuhört, sage ich: Liebt eure Feinde, tut Gutes denen, die euch hassen.**

Lk 6,27

Die Überlieferungen der Bibel belegen auch eine Geschichte der Zivilisation der Menschheit, der Weiterentwicklung humanitärer Ideen.

Was für uns heute hoffentlich selbstverständlich ist, war vor 3000 Jahren ein gewaltiger Entwicklungsschritt – und doch begegnen wir auch heute immer wieder, auch in uns selbst, dem Menschen, der vor 3000 Jahren gelebt hat.

Welche Bibel kaufe ich?

Wenn Sie bis hierher gelesen haben, wäre es spätestens jetzt an der Zeit, sich eine Bibel zu organisieren. Natürlich kann man sich eine Bibel irgendwo ausleihen – aber was spricht eigentlich dagegen, ein »Weltkulturerbe« auch im eigenen Bücherregal stehen zu haben? Es kostet nicht die Welt, sich dieses Weltkulturerbe nach Hause zu holen. Ein Kinobesuch mit Cola und Popcorn kommt teurer. Mit der Bibel haben Sie etwas, das Sie ein Leben lang durchtragen kann.

Aber welche Bibel kaufe ich dann?

Die Palette an Bibelausgaben ist groß. Und deshalb wäre es gut, sich vor dem Gang in eine Buchhandlung zu informieren, denn der Wunsch: »Ich hätte gerne eine Bibel!« könnte zwei Dinge auslösen:

Der Buchhändler sucht in seinem Computer, weil er sich selbst nicht so genau auskennt, und bietet dann die derzeit gängigen 34 deutschsprachigen Bibelübersetzungen an – und viele davon auch noch in den verschiedensten Größen und Ausstattungen. Ehrlich gesagt, ich würde dann wohl fluchtartig die Buchhandlung verlassen.

Oder der Buchhändler ist kompetent und bietet gezielt fünf verschiedene Übersetzungen an, aber damit ist auch noch keine Entscheidung getroffen.

Im deutschen Sprachraum werden vier oder fünf »Standardübersetzungen« der Bibel angeboten. Von diesen wiederum gibt es viele verschiedene Ausgaben, zum Beispiel mit Bildern von Chagall, Sieger Köder oder anderen Künstlern bis hin zu Naturaufnahmen. Außerdem gibt es noch preiswerte

Volksausgaben neben exklusiven Ausgaben in Leder gebunden und mit Goldschnitt.

Die erste grundsätzliche Entscheidung betrifft die Übersetzung:

Einheitsübersetzung

Die *Einheitsübersetzung* (© Katholische Bibelanstalt Stuttgart) ist im katholischen Raum die Fassung, die am weitesten verbreitet ist. Sie wurde 1980 veröffentlicht; die Übersetzung des Neuen Testaments und der Psalmen erfolgte dabei ökumenisch, also gemeinsam von der evangelischen und katholischen Kirche. Von der katholischen Kirche wird dieser Text gerade erneut überarbeitet und korrigiert.

Die Einheitsübersetzung ist auch die Grundlage der liturgischen Lesungen in der katholischen Kirche. In einem katholischen Gottesdienst werden im Normalfall die Texte aus der Einheitsübersetzung zu hören sein.

Lutherbibel

Auch wenn die evangelische Kirche (Rat der Evangelischen Kirche in Deutschland) die Einheitsübersetzung (zumindest teilweise) mitverantwortet, so werden in den evangelischen Gottesdiensten in der Regel nach wie vor die Texte der *Lutherbibel* gelesen (© Deutsche Bibelgesellschaft Stuttgart). Die heutige Fassung ist das Ergebnis einer Überarbeitung des Luthertextes in den Jahren 1957 bis 1984. Diese »revidierte Lutherbibel« dient heute als Grundlage für die liturgischen Texte in der evangelischen Kirche.

Sowohl Einheitsübersetzung als auch Lutherbibel werden in großen Auflagenzahlen gedruckt; damit sind sie entsprechend preiswert. Es gibt sie jedoch auch in aufwendigen Sonderausstattungen. Diese sind aber schon eher für Liebhaber bestimmt und natürlich entsprechend teurer.

Hier eine erste Empfehlung: Kaufen Sie die Bibel der Konfession, an deren Gottesdienste Sie (gelegentlich) teilnehmen. Nichts ist ärgerlicher, als im Gottesdienst einen Text zu hören und ihn dann in der Bibel zu Hause in einer anderen Übersetzung vorzufinden – dabei hat Sie vielleicht gerade diese Formulierung berührt.

Für Unentschiedene empfehle ich die Einheitsübersetzung – und wählen Sie zunächst die preiswerteste Ausgabe zum »Reinschnuppern«. Sobald Sie Spaß an der Bibel bekommen, können Sie ja später immer noch eine besser ausgestattete Bibel kaufen. Wer aber eher zu einem »schönen Buch«

greifen will, sollte hier nicht unbedingt am falschen Platz sparen. Vor allem die Schriftgröße könnte ein entscheidendes Kriterium für ein Lesevergnügen sein!

Herderbibel

Verbreitet ist auch die *Herder-Übersetzung* (© Verlag Herder). Aus der Neubearbeitung (2005) sind die Bibelzitate in diesem Buch entnommen. Es gibt sie in verschiedenen Ausgaben, zum Beispiel mit hilfreichen Einführungen, Anmerkungen und Karten.

Neue Zürcher Bibel

Was die Lutherbibel für die Evangelische Kirche in Deutschland ist, ist die *Neue Zürcher Bibel* (© Verlag der Zürcher Bibel) für die Reformierte Kirche in der Schweiz. Diese Übersetzung gilt vor allem als sehr wortgetreu.

Textorientierte und leserorientierte Übersetzungen

Jede Übersetzung steht vor der Aufgabe, den Originaltext in einer anderen Sprache wiederzugeben, damit er von Menschen, die die Übersetzungssprache sprechen, verstanden wird. Dabei versuchen die einen eher eine möglichst getreue Übersetzung des Urtextes in die andere Sprache – und nehmen dabei in Kauf, dass beim Lesenden viele Fragen offen bleiben und der deutsche Text eher »holprig« bleibt und schwerer zu lesen ist. Andere haben stärker die Lesenden im Blick und deuten bei der Übersetzung bereits den Text, um ihn möglichst »verständlich« zu machen und »lesefreundlich« zu gestalten.

Die Übersetzung von *Martin Buber* und *Franz Rosenzweig* für das Alte Testament (© Gütersloher Verlagshaus in der Random House Verlagsgruppe) versucht den Klang des hebräischen Originaltextes in der deutschen Textfassung möglichst zu bewahren. Eine ähnliche Übersetzung für das Neue Testament stammt von *Fridolin Stier* (© Kösel-Verlag in der Random House Verlagsgruppe). Empfehlenswert ist außerdem das *Münchener Neue Testament* (© Verlag Patmos), das ebenfalls eine sehr wörtliche Übersetzung bietet. Aber diese wörtlichen Übersetzungen sind gerade am Anfang eher gewöhnungsbedürftig.

Andere Bibelübertragungen gehen genau andersherum vor und wollen möglichst dicht am »heutigen Deutsch« sein, wie zum Beispiel die *Gute Nachricht Bibel* (© Deutsche Bibelgesellschaft).

Eine »interpretierende« Übersetzung ist auch *Die Bibel in gerechter Sprache* (© Gütersloher Verlagshaus in der Verlagsgruppe Random House). Sie ist aus den drei Anliegen heraus entstanden, Gott nicht auf einen bestimmten Namen festzulegen, die Wertschätzung des Judentums im Auge zu behalten und vor allem auch im Sinne der Geschlechtergerechtigkeit zu übersetzen.

Kaufen Sie zwei!

Aber das alles ist bereits ein Ausblick für die Zukunft: Fangen Sie mit der Einheitsübersetzung, der Lutherbibel oder der Herder-Bibel an, und zwar in einfacher Ausführung.

Als mittelfristigen Tipp empfehle ich: Kaufen Sie zwei Bibeln – eine für den Werktag und eine für den Sonntag. In der für den Werktag streichen Sie hemmungslos an, was Sie interessiert, fasziniert, ärgert, freut. Nehmen Sie diese Bibel als Begleitbuch für Ihren Alltag, mit Ihren Anmerkungen, Ihren Gebetsbildchen, Ihren Fragezeichen. Leben Sie mit dieser Bibel, notieren Sie Ihre Gedanken darin, sozusagen als »Arbeits- und Lesebuch«, dann wird für Sie diese Bibel vielleicht auch zum »Lebensbuch«.

Und die andere Bibel nehmen Sie für den »Sonntag«. Sie kann dann durchaus die Funktion eines »heiligen Buches« erfüllen: Man nimmt es, liest darin – und legt es ehrfurchtsvoll wieder an einen besonderen Platz.

Die Bibel ist beides: Ein Werk- und Arbeitsbuch – und ein Buch der Verehrung.

Um jetzt miteinander weiter in dieses Reich der Bibel vorzudringen, benötigen Sie ab dem nächsten Kapitel eine eigene Bibel. Wer bis hierher gelesen hat, hat ohnehin schon großes Interesse an der Bibel, und damit ist es an der Zeit, jetzt zum Original zu greifen.

Das Lesen in der Speisekarte mag nett sein – aber es stillt den Hunger nicht. Das Lesen über die Bibel ersetzt das Lesen der Bibel nicht.

Deshalb gehen wir jetzt nach diesen vielen Vorbemerkungen einfach mitten hinein.

Wegweiser durch die Bibelausgaben

Inhaltsverzeichnis

Machen Sie sich am besten, wenn Sie jetzt eine konkrete Ausgabe der Bibel vor sich haben, zuerst einmal auf die Suche nach dem Inhaltsverzeichnis. Dort sind alle einzelnen Bücher angeführt mit der entsprechenden Seitenzahl. Das kann hilfreich sein, wenn man ein bestimmtes Buch sucht, denn manche biblischen Bücher umfassen nur wenige Seiten – und diese beim zufälligen Durchblättern zu finden, kann am Anfang schwierig sein.

Griffregister

Gerade beim Einstieg in die Bibel kann ein Griffregister das Auffinden von biblischen Büchern sehr erleichtern. Es besteht aus verschiedenen kleinen »Reitern«, die jeweils zu Beginn eines biblischen Buches auf den entsprechenden Seiten platziert werden. Ein solches Griffregister ist im Buchhandel erhältlich.

Nützliche Anhänge

Im Inhaltsverzeichnis finden Sie auch ein Verzeichnis über mögliche »Anhänge«. Das können zum Beispiel sein:

- Eine Liste der Abkürzungen: Bibelstellen werden meistens mit Buchstabenkombinationen angegeben, etwa »Phlm«. Manchmal hat man keine Ahnung, welches Buch denn nun damit gemeint sein könnte. Wer im Abkürzungsverzeichnis nachschlägt, erfährt dann, dass es sich um den Brief an Philemon aus dem Neuen Testament handelt.
- Manchmal findet sich eine Liste mit Maßen, Gewichten und Münzen im Anhang. Ein »Tagesmarsch« zum Beispiel entspricht 40 Kilometern (Num 11,31) und ein »Talent« etwa 41 Kilogramm (Mt 18,24).
- Eine Liste der jüdischen Festtage und Erklärungen zum Kalender können ebenfalls hilfreich sein für das Textverständnis.
- Manchmal gibt es sogar eine Liste von Namen und Begriffen, die einem dabei helfen können, eine bestimmte Bibelstelle zu finden. Wer zum Beispiel wissen will, wo denn genau das mit »Alpha und Omega« vorkommt, wird hier auf Offb 1,8; 21,6 und 22,13 verwiesen.
- In guten Bibelausgaben finden sich auch Karten, die einen »räumlichen« Eindruck zum Beispiel vom Weg des Volkes Gottes aus der Sklaverei aus Ägypten vermitteln können – oder von dem Gebiet, in dem Jesus umherzog.

Hilfreiche Anmerkungen

Es lohnt sich auch, die Anmerkungen zu lesen. Beispielsweise wird in der Einheitsübersetzung dort erklärt, dass alle kursiv gesetzten Texte im Neuen Testament Zitate aus dem Alten Testament sind. Die entsprechende Angabe zur Textstelle aus dem Alten Testament ist am Ende eines Textabschnitts zu finden, wo dann zum Beispiel steht »18: Jes 61,1f«. Das heißt, dass der 18. Vers aus dem vorliegenden Kapitel (in diesem Fall das 4. Kapitel des Lukas-Evangeliums) ein Zitat aus dem Buch des Propheten Jesaja ist – und dort im 61. Kapitel im 1. Vers und dem folgenden zu finden ist (das kleine »f« steht immer dafür, dass der nächste Vers noch dazugehört; »ff« meint, dass mehrere weitere Verse noch dazugehören).

Wenn man weiß, dass Jesus nach dem Lukas-Evangelium in seiner programmatischen Antrittsrede in seiner Heimatstadt (und darum geht es in dieser Bibelstelle) einen Propheten zitiert, der das Kommen des Heils angekündigt hat, dann bekommen seine Worte auf dem Hintergrund des Alten Testaments eben eine besondere Bedeutung, und man wird diese Textstelle mit anderen Augen lesen.

> ❦ Wegweiser müssen leserlich sein. In dieser Hinsicht hapert es manchmal im geistigen Weg- und Straßennetz unserer Tage. Es gibt ziemlich viele unleserliche Wegweiser, da und dort im wahrsten Sinne des Wortes, wenn ich meine Bücherborde überblicke. Mag sein, dass sie alle gerade stehen, dass sie die Wahrheit sagen – aber die Inschrift ist nicht zu entziffern, ihre Weisung und Botschaft ist zu intellektuell und kompliziert, ihre Sprache ist bildarm, farblos und abstrakt. Oft kann der orientierungssuchende Wanderer nur kopfschüttelnd im Nebel weitergehen.
>
> Reinhold Stecher (1921–2013), Bischof von Innsbruck[19]

Wie finde ich Bibelstellen?

Angenommen, Sie haben bei einem Gottesdienst etwas von einem Mammon gehört, dem man nicht dienen soll, und diese Stelle hat Sie irgendwie berührt. Nach dem Gottesdienst fragen Sie den Leiter des Gottesdienstes, wo das in der Bibel nachgelesen werden kann – und er schreibt auf: Mt 6,24. Dann heißt das:

Mt	6,	24
Matthäus-Evangelium	sechstes Kapitel	Vers 24

Und da steht dann:
Niemand kann zwei Herren dienen. Denn entweder wird er den einen hassen und den andern lieben, oder dem einen anhangen und den anderen verachten. Ihr könnt nicht Gott dienen und dem Mammon.
Mt 6,24

Dieser Bibelvers umfasst zwei Sätze. Wer entweder den einen oder den anderen Satz betonen will, der fügt dann einen Kleinbuchstaben an den entsprechenden Vers. Mt 6,24a wäre dann der erste Satz, Mt 6,24b der zweite Satz.

Manchmal wird eine Bibelstelle nicht fortlaufend gelesen, sondern nur einzelne Verse daraus. Dann wird zwischen die einzelnen Verse ein Punkt gesetzt: Mt 6,24.26 wäre dann Vers 24 und Vers 26. Würde Vers 25 mitgelesen, wären die beiden Zahlen durch einen Bindestrich verbunden: Mt 6,24–26.

Welche Bibel soll's denn sein?

Kann der Leiter des Gottesdienstes Ihnen nicht sagen, wo diese Bibelstelle steht, dann könnten Sie jetzt, falls Ihre Bibel über solch ein Verzeichnis verfügt, im Anhang unter »Namen und Begriffe« nachschauen. Da finden Sie dann unter dem Wort »Mammon« möglicherweise zwei Verweise: Mt 6,24 (die Stelle, die wir eben angeschaut haben) und Lk 16,9.11.13: Es handelt sich um das 16. Kapitel bei Lukas und hier um die Verse 9, 11 und 13.

Und jetzt geht es ans Üben – mit ganz praktischem Nähr- und Unterhaltungswert:

»Bibelkuchen«

Der Name rührt daher, dass man die Bibel braucht, um dieses Rezept ausprobieren zu können – es handelt sich allerdings nicht um ein »biblisches« Rezept!

- 1½ Tassen Ps 23,5
- 6 Stück Dtn 22,6
- 2 Tassen Ri 14,18a
- 4½ Tassen 1 Kön 17,12 (1. Angabe)
- 2 Tassen Gen 40,10 (getrocknet)
- 2 Tassen Nah 3,12
- ¾ Tasse 1 Kor 3,2
- 1 Tasse Num 17,23b (gerieben)
- 3–4 Teelöffel Hld 4,14 (4. Angabe)
- 1 Prise Lev 2,13
- und als außerbiblische Zutat: 3 Teelöffel Backpulver

Alle Zutaten zu einem Teig verarbeiten und bei 170 Grad Celsius im Backrohr ca. eine Stunde backen. Beachte: Koh 9,7!

Für alle Fälle finden Sie die Auflösung der Zutaten, wenn Sie das Buch auf den Kopf stellen – und Sie backen auf eigene Verantwortung! Für das Gelingen des Rezepts wird keine Gewähr übernommen!

> Die Zutaten in der Reihenfolge des Rezepts: Butter, Eier (sie müssen nicht vom Rebhuhn sein), Honig (1 Pfd oder 50 Dekagramm Honig entspricht zwei Tassen), Mehl, Rosinen (= getrocknete Weintrauben), Feigen, Milch, Mandeln, Zimt (oder Lebkuchengewürz), Salz.

Alkoholfreies Getränk

- 1 Liter Jes 65,8
- 5 Stück Hld 2,5b (klein geschnitten)
- 8 Teelöffel Hld 6,11a (gehackt)
- 8 Teelöffel Ri 14,18
- ½ Liter Ijob 8,16 von Spr 25,11

Weitere Übungen

Vergeblich klopft der Pfarrer mehrmals an der Haustür einer Frau, der er versprochen hatte, demnächst auf Besuch zu kommen. Schelmisch hinterlässt er seine Visitenkarte und schreibt darauf nur »Offb 3,20«. Noch auf dem Nachhauseweg erhält der Pfarrer eine SMS mit dem Inhalt »Gen 3,10«. Er wusste zwar, dass das ziemlich am Anfang der Bibel steht und etwas mit dem Paradies zu tun hat, aber zur Sicherheit schlug er daheim in der Bibel nach …

Welche Bibel soll's denn sein?

Papst Leo XIII. (1810–1903) saß einem Künstler, der nicht sonderlich talentiert war, für ein Porträt Modell. Zuletzt bat ihn der Maler, er möge doch so freundlich sein, das Bild zu signieren. Der Papst willigte ein und fragte: »Darf ich auch noch ein Zitat aus der Bibel hinzufügen?« »Das würde mein Bild nur noch wertvoller machen«, erwiderte der Porträtist. Leo XIII. pinselte auf das Bild: »Joh 6,20. Leo XIII.«. Später schlug der Maler in der Bibel nach, um die Unterschrift zu entziffern …

Ein Mädchen kommt begeistert nach Hause und ruft: »Mama, es war heute im Religionsunterricht einfach super, von jetzt an sprechen wir auch zu Hause nur mehr in Bibeltexten miteinander.« – »Einverstanden«, sagt die Mutter und weckt ihre Tochter am nächsten Morgen mit Mk 5,41: (»Talita kum!, was übersetzt heißt: Mädchen, ich sage dir, steh auf!«). Das Mädchen hatte sich vom Religionsunterricht eine oft passende Antwort gemerkt und ruft: »Joh 2,4«.

Weil er seinen Kredit nicht zurückzahlen konnte, sandte der gottesfürchtige Schuldner der Bank einen Brief mit folgenden Satz: „Bitte sehen Sie nach bei Matthäus 18,26!" Kurz darauf kam die Antwort: „Vielen Dank für die biblische Unterweisung, wir allerdings empfehlen Ihnen Matthäus 5,25f!"

EINMAL AM TAG

Einmal am Tag,
da solltest du ein Wort in
deine Hände nehmen:
ein Wort der Schrift.
Sei vorsichtig,
es ist so schnell erdrückt und umgeformt,
damit es passt.
Versuch nicht hastig, es zu »melken«,
zu erpressen,
damit es Frömmigkeit absondert.
Sei einfach einmal still.
Das Schweigen, Hören, Staunen ist bereits Gebet
und Anfang aller Wissenschaft und Liebe.
Betaste das Wort von allen Seiten,
dann halt es in die Sonne
und leg es an das Ohr wie eine Muschel.
Steck es für einen Tag wie einen Schlüssel in die Tasche,
wie einen Schlüssel zu dir selbst.

Paul Roth (1885–1964), deutscher Diplomat, Zeitungswissenschaftler und Publizist[20]

℘ Es geht darum, Erfahrungsräume zu eröffnen, wo Menschen erleben können, dass sie im Umgang mit der Bibel freier, froher und heiler werden. Es geht darum, die lebensfördernde Kraft der Schrift Menschen unserer Zeit zu erschließen.

Helmut Gabel (*1954), Domkapitular in Würzburg[21]

Die Bibel und mein Leben oder: Was will ich von Gott?

Was hat die Bibel mit mir und meinem Leben zu tun? Eine sehr berechtigte Frage …

Denn wenn sie mit Ihrem Leben nichts zu tun hätte, dann bräuchten Sie die Bibel gar nicht erst zu lesen. Aber den Zusammenhang zu erschließen, das ist gar nicht so einfach. Wir hören von Menschen aus längst vergangenen Zeiten, von einer Kultur, die wir nicht kennen – und da kommt man schon in Versuchung zu sagen: Die Bibel, das ist etwas für andere. Aber das kann ja wohl nicht sein. Dann wäre die Bibel als Geschichtsbuch in die Weltbibliothek eingegangen – aber sie hätte keine Relevanz mehr für uns heute.

SCHREIBEN SIE IHRE GESCHICHTE

Suchen Sie im Markus-Evangelium 10,46–52 die Heilung des blinden Bettlers.

Es ist eigentlich nicht die Geschichte eines anderen, sondern es ist die Geschichte jedes Menschen. Und deshalb möchte ich Sie einladen, diese Geschichte als Ihre Geschichte zu schreiben. Schreiben Sie die Geschichte einfach ab und setzen Sie statt »der blinde Bettler« »ich« und statt »Bartimäus« Ihren eigenen Vornamen ein: Ich sitze an der Straße – und Jesus zieht vorüber. Ich schreie: »Hab Erbarmen mit mir!« – und ich werde gefragt: »Was willst du, was ich dir tun soll?« Und was ist Ihre ganz ehrliche Antwort? Was wollen Sie, dass Gott Ihnen tun soll?

Mk 10,46-52 ist nicht nur eine Geschichte, die 2000 Jahre alt ist – sondern eine, die heute und jeden Tag neu geschieht. Ich bin in irgendeinem Bereich meines Lebens mit Blindheit geschlagen – ich sitze fest (»stehe auf der Leitung«) – setze meine Hoffnungen auf etwas oder auf jemanden – und ich werde gefragt, was ich mir wünsche. Das ist der erste Schritt zu einem neuen Leben. Es wird nicht einfach an mir gehandelt, sondern da fragt mich einer: Was willst Du?

Was brauche ich? Was will ich von diesem Gott?

Schritt 15

Die Botschaft der Befreiung oder: Was will Gott für mich?

Ein Lebensbuch!

Der Geist des Herrn ruht auf mir, weil er mich gesalbt hat; er hat mich gesandt, den Armen frohe Botschaft zu bringen, den Gefangenen Befreiung zu verkünden und den Blinden das Augenlicht, die Zerschlagenen in Freiheit zu entlassen, auszurufen ein Gnadenjahr des Herrn.

Lk 4,18f

Wir hatten diese programmatische Antrittsrede Jesu von Nazaret schon kurz in Schritt 12 erwähnt. Spannend ist, dass diese Stelle eben nicht nur irgendwelchen anderen Menschen vor 2000 Jahren gilt, sondern auch mir, heute im 3. Jahrtausend: Mir Armem wird die Frohbotschaft (übrigens: das Wort »Evangelium« bedeutet genau das: »frohe Botschaft«) gebracht, mir wird die Freiheit verkündet, wenn ich mich in meinen eigenen oder fremden Gefängnissen verstrickt habe. Ich Blinde werde sehend, ich Bedrückte werde in die Freiheit entlassen.

Und wenn ich die Bibel mit meinem Leben in Zusammenhang bringen will, dann bin ich gefragt:
- Was ist meine Armut? Woran mangelt es mir?
- Worin bin ich gefangen?
- Wofür bin ich blind?
- Was bedrückt mich?

Und zugleich höre ich die ungeheure Zusage: Ich bin gekommen, damit du …

Spätestens an diesem Punkt wird klar: Die Bibel ist kein Lesebuch für die Grundschule, sondern sie ist ein Lebensbuch voll von Herausforderungen und Zusagen – auch für mich.

Es geht eben nicht darum, ob wir Fakten und Ereignisse historisch nachvollziehen können – sondern ob wir uns in diese Aussagen Jesu vertrauensvoll hineingeben können und daran glauben.

Nicht irgendjemand ist gemeint – sondern ich, ich ganz persönlich ...

Ich bin doch kein Schaf!

Schauen Sie doch mal Joh 10,1-18 nach: Was bedeutet für mich »Leben in Fülle«?

Vielleicht taucht auch Widerspruch auf: »Ich bin doch kein Schaf! Und ich brauche auch keinen Hirten!«

Darf ich Sie einladen zu einem kleinen Ausflug?

El Burgos Ranero, 18.00 Uhr

Gerade eben ist eine Schafherde vorbeigezogen, ein schönes Bild – und natürlich ist der Fotoapparat im Refugio. Die Herde folgt vertrauensvoll dem Schäfer, einem alten Mann mit abgetragenen Kleidern und Zähnen, die einem Zahnarzt mindestens eine Woche Arbeit bescheren würden. Die Schafe scheinen sich nicht daran zu stören, sie folgen ihm, weil sie wissen, dass er es gut mit ihnen meint. Ich höre das Blöken eines Lammes und gucke mir fast die Augen aus, aber ich sehe es nicht – bis mein Blick plötzlich auf den Rücken des Schäfers fällt. In einer Jutetasche trägt er das kleine neugeborene Lamm auf seinen Schultern, weil es mit der Herde noch

nicht Schritt halten kann. Es ist ein Bild, das mich sehr berührt – und zum ersten Mal kann ich mit dem Bild vom »Guten Hirten« etwas anfangen, der das Lamm auf den Schultern trägt. Da ist einer, dem man vertrauen kann; da ist einer, der einen trägt, wenn man nicht mehr oder noch nicht Schritt halten kann, da ist einer, der für mich sorgt. Ob es wohl sein kann, dass die Schafe, allgemein als dumm verschrien, vielleicht doch ein bisschen intelligenter als wir Menschen sind? Sie wissen und spüren noch, wer und was ihnen gut tut.

Das habe ich damals auf meinem Pilgerweg nach Santiago de Compostela erlebt, und dieses Bild hat sich mir stärker eingeprägt als viele theologische Kommentare zu dieser Stelle aus dem Johannes-Evangelium. Wir können mit diesem Bild meist nichts mehr anfangen, weil wir es nicht kennen, nicht mehr in unserem Alltag erleben. Und dann legen wir unsere Maßstäbe des 21. Jahrhunderts an – und wundern uns, wenn wir damit nicht weiterkommen. Die Bibel erzählt Geschichten, die in einem Umfeld entstanden sind, das landwirtschaftlich geprägt war – und wir hören sie mit unseren Ohren des technischen Zeitalters.

Andrea Schwarz, Pilgertagebuch

● 15

JESUS FÜR KLEINBAUERN

Mir ist der Tag unvergesslich, an dem ich zum ersten Mal in der theologischen Fachliteratur las, auch Jesus stamme aus einer Kleinbauernfamilie. Wie die meisten Leute in Galiläa hätten Maria und Josef und die wenigen Bewohner der kleinen Ansiedlung Nazaret vor allem von der Landwirtschaft, von Kleintierhaltung und Feldarbeit gelebt. Das hat mich beeindruckt!

Reinhard Körner OCD (*1951), deutscher Karmelit, Referent und Exerzitienleiter[22]

Dann hatte Jesus also – wie ich – vom Vater pflügen, säen und mähen gelernt, von der Mutter Unkraut jäten und Garben binden. Dann hatte er schon als Junge Schafe gehütet, Viehställe ausgemistet und Ziegen gemolken. Dann konnte er Gerste von Weizen unterscheiden, sah am Flug der Vögel, ob es sonnig bleiben oder regnen wird, erkannte genau, wann es Zeit ist zu säen und wann es Zeit ist zu ernten …

Seitdem ich das weiß, lese ich die Bibel anders. Vor allem die Gleichnisse Jesu kann ich seither besser verstehen. Viele dieser Geschichten handeln ja vom ländlichen Leben. Jesus hat sie Leuten erzählt, von denen die meisten Kleinbauern waren wie er.

Lebenszeiten

Hier noch ein Beispiel: Joh 15,1–17. Damit Sie den Text ein wenig besser einordnen können: Diese Stelle im Johannes-Evangelium gehört zu den so genannten Abschiedsreden Jesu an seine Jünger – und Abschiedsworte sind immer besonders wertvoll.

Zum einen werden Sie sicherlich Ähnlichkeiten zu der Stelle vom »Guten Hirten« feststellen können – dort ist es der Hirt, der sein Leben für die Schafe hingibt, hier ist es der Freund, der sein Leben für die Freunde hingibt. Vielleicht ist Ihnen dieses Bild zugänglicher – auch wenn es ein wenig aus der Mode gekommen sein mag, sein Leben für die Freunde hinzugeben. Man erwartet eher das Gegenteil, nämlich dass die Freunde immer für einen da sind. Allein das Wort »Hingabe« ist heutzutage ja schon eine Zumutung …

Lassen Sie uns miteinander diese Stelle noch einmal Schritt für Schritt anschauen.

»Wer in mir bleibt und in wem ich bin, der bringt viele Frucht«

Der Bibeltext spricht sehr eindeutig davon, dass wir Frucht bringen sollen – und wer keine Frucht bringt, der wird ins Feuer geworfen. Das kann man sehr schnell als Forderung hören, wenn man dieses Wort in einem falschen Kontext hört. Ich kann nicht mehr sagen, welcher geistliche Schriftsteller mich darauf gebracht hat, aber das, was er sagte, leuchtete mir sofort ein. Er sagte sinngemäß:

»Uns wird Frucht bringen gesagt – und wir hören Leistung. Uns wird gesagt: blühen zu seiner Zeit, reifen zu seiner Zeit! Und wir hören: rund um die Uhr, immer, jetzt, sofort. Uns wird gesagt: wachsen und entstehen lassen – und wir hören: Ertrag.«

Das ist die Welt, in der wir denken: Leistung, Maschinen, Verfügbarkeit. Und deshalb müssen wir uns schwertun mit einem Bild, das aus dem landwirtschaftlichen Bereich entlehnt ist. Aber jeder, der selbst ein wenig im eigenen Garten herumarbeitet, weiß, was das Bild sagen will: Erwarte nicht, dass ein Kirschbaum im Januar Frucht trägt! Und nicht jedes Jahr ist ein gutes Jahr, und manchmal ist nicht der Baum daran schuld, dass er keine Frucht bringt. Und auch wenn dir die Frucht des Baumes geschenkt wird, musst du selbst etwas daran tun, dass er nicht »verwildert«: Du musst ihn schneiden, wässern, pflegen.

Es geht also nicht um Leistung oder möglichst perfektes Funktionieren rund um die Uhr, EU-Standards entsprechend – sondern darum, Frucht zu bringen, Frucht als *eine* Zeit meines Lebens neben dem Blühen, dem Wachsen, dem Absterben, der Brachzeit.

Sie können ja auch die Tulpe in Ihrem Vorgarten nicht zum Blühen zwingen, wenn sie es nicht will. Und Sie würden nie erwarten, dass sie das ganze Jahr über blüht ...

Manchmal ist es auch nur ein einziger Satz, der einen trifft – und von dem man sich betreffen lässt:

»Bleibt in meiner Liebe!«

»Bleibt in meiner Liebe« – nicht: »Kommt in meine Liebe«, »Verdient euch meine Liebe« oder gar »Ich liebe euch erst dann, wenn ihr ...«

Wir sind längst in Gottes Liebe, in ihm aufgehoben, geborgen und geschützt – und unsere Aufgabe ist es nur, aus dieser Liebe nicht herauszufallen. Wie viel Druck würde von uns »Leistungsmenschen« weggenommen, wenn wir dieser Aussage glauben würden!

»Ich nenne euch nicht mehr Knechte. Euch habe ich Freunde genannt.«

Das ist eigentlich ein ganz radikaler Satz. Ein Knecht arbeitet gegen Lohn für den Herrn, mit Freunden aber feiert man Feste. Ist mein Leben ein Arbeiten *für* den Herrn – oder ist es ein Fest *mit* Gott? Feiere ich mit Gott, aus Gott, das Leben oder »arbeite« ich für ihn, weil ich eigentlich doch einen, wenn vielleicht auch sehr ominösen, Himmelslohn erwarte? Fühle ich mich als »Freund Gottes«? Einem Freund kann ich mich jederzeit zumuten. Wenn ich einmal keinen guten Tag habe, kündigt er mir deswegen nicht gleich die Freundschaft auf.
    Und wozu das Ganze?

»Damit eure Freude vollkommen wird ...«

Das ist die Absicht Gottes. Nicht mehr, aber auch nicht weniger. Und damit wären wir wieder beim »Leben in Fülle« angelangt.

Vier existenzielle Glaubensaussagen, die sich eigentlich jedem erschließen könnten, auch wenn er nicht Theologie studiert hat. Um darauf zu kommen, muss man keine großen Kommentare lesen und kein Wissenschaftler sein.
    Die Bibel ist von Menschen, die mit den Menschen damals gelebt haben, geschrieben worden. Gerade deshalb spiegelt sie menschliche Grunderfahrungen wider, die wir ganz gut verstehen könnten, wenn wir sie denn verstehen wollen. Ein bestimmtes Basiswissen ist natürlich zum Verständnis der alten Texte hilfreich. Je mehr man von der damaligen Zeit weiß, umso verständlicher werden einzelne Texte.

❧ Die Bibel ruft nach Zeugen, nicht nach Buchhändlern. Die Christen selbst sind die geborenen Interpreten der Bibel – mit ihrem Glauben, Hoffen und Lieben, mit ihrem Leben.

Joachim Wanke (*1941), emeritierter Bischof von Erfurt[23]

❧ Der gläubige Mensch liest die Bibel nicht, um mehr über sie zu erfahren, sondern um sein eigenes Leben zu verstehen und ihm eine Richtung zu geben.

Santiago Guijarro (*1957), spanischer Bibelwissenschaftler an der Päpstlichen Universität Salamanca[24]

Schritt 16
Von Widersprüchen und Gegensätzen

Geflügelte Worte

Zu unseren menschlichen Grunderfahrungen gehört auch durchaus Widersprüchliches. Und weil die Bibel genau davon Zeugnis geben will, finden Sie auch manches Widersprüchliche. Vergleichen Sie zum Beispiel Sir 6,14f mit Jer 9,3 oder Jes 2,4 mit Joël 4,10.

Es stimmt schon: Fast für jedes Bibelzitat lässt sich auch ein Zitat finden, das auf den ersten Blick in etwa das Gegenteil sagt. Aber ist uns das wirklich so fremd? Wenn wir frisch verliebt sind, dann werden wir das Lied der Liebe in den höchsten Tönen singen – und wenn die Beziehung zerbrochen ist, dann sind wir manchmal auch bereit zu schwören: Nie wieder lieben! Und beides schreiben Sie in Ihrem Tagebuch auf – und Ihre Urururenkel werden sich eines Tages fragen, wenn sie Ihr Tagebuch lesen: Ja – stimmt denn jetzt das eine oder das andere, was die Urururoma da geschrieben hat? Das Spannende ist: Es stimmt beides. Und beides ist in mir. Manchmal schenken mir meine Freunde Sternstunden meines Lebens, und dann gibt es Situationen, da möchte ich sie am liebsten zum Mond schießen – ohne Rückfahrkarte.

Das ist so. Übrigens kennen wir das auch von Sprichwörtern: »Gleich und gleich gesellt sich gern« ist das eine – und: »Gegensätze ziehen sich an« das andere. Und großzügig zitiert man das eine oder das andere, je nachdem, wie es gerade passt.

Ganz ähnlich ist es mit der Bibel, aus der ebenfalls einzelne Sätze gerne zur Untermauerung der eigenen Meinung zitiert werden. Nicht selten tun die Zitierenden so, als ob es zu diesem Thema in der Bibel nur diesen einen Standpunkt gäbe. Andere Texte aber werden verschwiegen, die vielleicht einen anderen Schluss zulassen würden.

Übrigens: Sie kennen doch bestimmt auch solche Sammlungen von Sprichwörtern, in Buchform zusammengestellt – beliebtes Material für Menschen, die zum Beispiel für einen Verein oder zu einem Geburtstag eine Rede halten müssen. Solche Bücher enthalten »geflügelte Worte« von Sokrates über Goethe bis zu Carl Friedrich von Weizsäcker und natürlich auch vollkommen verschiedene Ansichten über das Leben.

Ein solches Buch gibt es auch in der Bibel: das Buch der Sprichwörter. Das ist eine Zitatensammlung, die wiederum aus einigen kleinen Zitatensammlungen zusammengestellt wurde, die zum damaligen Zeitpunkt bewahrenswert erschienen, die zu »geflügelten Worten« geworden sind. Aber alles, was im Volk kursiert, muss ja nicht immer gleich gut und wichtig und in alle Ewigkeit gültig sein.

»Werd ich zum Augenblicke sagen: Verweile doch! Du bist so schön!« (Goethe, Faust I) – dann ist das eine Erfahrung, die wohl die meisten von uns kennen. Man will die Glücksstunden im Leben festhalten und man ahnt darum, in welcher Situation Goethe diese Worte wohl gedacht und geschrieben haben mag. Wenn ich auf dem Behandlungsstuhl beim Zahnarzt sitze, dann kommen mir diese Worte nun wirklich nicht in den Sinn – und trotzdem nimmt das nichts von ihrer Wahrheit. Es gibt solche Stunden …

Bei all diesen – mich in einer jeweiligen Situation treffenden – Worten geht es nicht um die Frage, ob sie »wahr« sind, sondern: Haben die Sätze die Kraft, um mir in meiner jeweiligen Lebenssituation Hilfe oder Erklärung zu sein?

Meine Eltern kannten viele Sprichwörter – und unsere Erziehung wurde damit entscheidend ergänzt. Unvergessen bleibt mir unter anderem ein Spruch meiner Mutter: »Wenn dich die bösen Buben locken, dann bleib daheim und stopfe Socken!« Ich vermute und hoffe, dass dieser Spruch so allmählich aussterben wird – denn welche Socken werden heute überhaupt noch gestopft? Ganz abgesehen davon, dass man heute nicht mehr von »Buben« spricht, sondern vielleicht eher von »Jungs«, lasse ich den Rest unkommentiert …

Viele Sprichwörter und Redensarten, die wir kennen, kommen aus der Bibel – ohne dass wir es wissen. Hier zwei Beispiele zum Nachschlagen: Ps 7,16 und Mt 8,22.

Alles hat seine Zeit

• 16

Problematisch wird es immer dann, wenn ein Zitat aus dem Zusammenhang gerissen wird, also wenn zum Beispiel ein Sprichwort aus dem Buch der Sprichwörter als absolute Wahrheit Gottes verkauft und dabei vergessen wird, dass es einfach ein überliefertes Sprichwort ist, das den Menschen damals wichtig war. Das wäre genauso, als wollten Sie ein Zitat von Carl Friedrich von Weizsäcker als heiliges Wort verkaufen. Höchstwahrscheinlich steckt eine Lebensweisheit darin, aber spätestens dann, wenn jemand Weizsäcker nicht mag oder nicht kennt, wird er an der Wahrheit des Satzes zu zweifeln beginnen. Oder schauen Sie noch einmal auf die Stelle Sir 6,14f und lesen Sie sie im Kontext von Sir 6,5–17. Da wird der differenzierte Blick deutlich, der denen fehlt, die nur auf diesen einzelnen Vers schauen.

Alles hat seine Stunde

und für jedes Vorhaben unter dem Himmel gibt es eine Zeit:
eine Zeit zum Gebären und eine Zeit zum Sterben,
eine Zeit zum Pflanzen und eine Zeit, die Pflanzen abzuernten,
eine Zeit zum Töten und eine Zeit zum Heilen,
eine Zeit zum Einreißen und eine Zeit zum Bauen,
eine Zeit zum Weinen und eine Zeit zum Lachen,
eine Zeit zum Klagen und eine Zeit zum Tanzen,
eine Zeit zum Steinewerfen und eine Zeit zum Steinesammeln,
eine Zeit zum Umarmen und eine Zeit,
   sich der Umarmung zu enthalten,
eine Zeit zum Suchen und eine Zeit zum Verlieren,
eine Zeit zum Aufbewahren und eine Zeit zum Wegwerfen,
eine Zeit zum Zerreißen und eine Zeit zum Nähen,
eine Zeit zum Schweigen und eine Zeit zum Reden,
eine Zeit zum Lieben und eine Zeit zum Hassen,
eine Zeit für den Krieg und eine Zeit für den Frieden.

Koh 3,1–8

Koh 3,1–8 ist einer der schönsten Texte aus dem Alten Testament, und ich empfehle, ihn zu lesen, für alles, was Widersprüche und Gegensätze angeht.

Jetzt könnten Sie sagen: Die Stelle ist ja ganz schön – aber muss denn da wirklich stehen: »Es gibt eine Zeit zum Töten« und »eine Zeit für den Krieg«? Ist das mit einem liebenden Gott und mit der Botschaft Jesu vereinbar? Kann denn eine solche Aussage nicht auch missbraucht werden, um die abscheulichsten Gräuel zu rechtfertigen?

Sie haben vollkommen Recht – und Sie treffen den Nagel auf den Kopf. Genau das ist leider oft genug in der Geschichte des Christentums passiert, dass man einfach Zitate aus ihrem Zusammenhang riss und dazu benutzte, die eigenen Interessen durchzusetzen. Und die waren manchmal weniger von der Liebe bestimmt als von Macht und Geld. Gott wurde für bestimmte Zwecke vereinnahmt, und dafür wurden aus dem Steinbruch »Bibel« die entsprechend passenden Zitate herausgesucht, um das dann auch noch zu legitimieren.

Wer die ganze Schriftstelle kennt, für den wird einsehbar, dass nicht einfach diese beiden Halbsätze herausgelöst und dann für sich als Gottes Willen ausgegeben werden können.

> ⌇ Allein die Platzierung von Erzählungen in der Heiligen Schrift bedeutet weder, dass sie besonders nachahmenswert sind, noch dass sie gleichsam Gott als Ausdruck seines Willens in die Schuhe geschoben werden könnten. Nicht alles, was in der Bibel steht, ist deshalb schon gut und wohlgefällig.

Walter Kirchschläger (*1947), österreichischer Bibelwissenschaftler[25]

Was zum Leben befreit

Und doch passiert das nicht so selten: Jemand reißt ein Zitat aus der Bibel völlig aus dem Zusammenhang, wirft es uns regelrecht vor die Füße – und dann wissen wir nicht, was wir sagen sollen. Manche Gruppierungen, die sich christlich nennen, arbeiten genau mit dieser Methode. Oft genug bauen sie auf das »Prinzip Angst«, um Menschen für ihre Zwecke einzuspannen. Und dann wird Glaube eng und unfrei und macht klein. Das hat mit der Botschaft unseres Gottes nichts, aber auch gar nichts zu tun. »Gott ist die Liebe«, so heißt es im 1. Johannesbrief (1 Joh 4,7-10). Es gibt eine sehr einfache Regel, um zu erkennen, was aus Gott kommt: Es ist das, was zum Leben befreit, was lebendiger macht und zur Freiheit führt. Alles, was angeblich im Namen Gottes gesagt oder getan wird und dabei unser Leben klein und eng macht, das kann nicht von Gott kommen (vgl. Gal 5,1).

Vorsicht – lebendiger heißt nicht unbedingt glücklicher, einfacher, leichter. Lebendiger heißt auch nicht ohne Leid und Schmerzen und ohne Tod und Scheitern. All das gehört zum Leben von uns Menschen dazu – und jede Religion, jede Sekte, die verspricht, all das aus unserem Leben wegzunehmen, lügt und nimmt das Leben nicht ernst.

Lebendiger heißt, all diese Realitäten unseres menschlichen Daseins nicht zu tabuisieren, sondern ihnen einen angemessenen Platz in unserem Leben zu geben. Und das heißt, gerade aufgrund dieser dunklen Seiten im Leben die hellen Seiten anders und deutlicher wahrzunehmen. Das bedeutet, dem eigenen Leben ein Profil zu geben – und ein Profil ergibt sich erst durch Höhen und Tiefen. Ein Autoreifen, der kein Profil hat, ist nicht sicher, man kommt schnell ins Rutschen. Profil zu haben, gibt auch Griff und Halt. Wir neigen dazu, das Leben zu nivellieren, die Gegensätze nicht aushalten zu wollen. Wir verdrängen Tod und Trauer, wir erwarten von uns selbst Leistung rund um die Uhr, wir setzen uns unter Druck. Und manchmal projizieren wir den Druck, den wir uns selbst machen, auch noch auf diesen Gott.

Seine Zusage ist eine andere: Es gibt für alles eine Zeit.

»Den Krieg erklären«

Nein, ich kneife nicht vor Ihrer Anfrage. Lassen Sie mich dazu noch eine Geschichte erzählen:

Es war vor einigen Jahren. Ich blätterte durch eine religiöse Zeitschrift aus der Schweiz. In der Heftmitte war zusammen mit einem wunderschönen Foto genau dieser Text aus Kohelet als Anregung zur Meditation abgedruckt. Ich freute mich darüber, diesen Text so schön gestaltet dort zu finden und stieß mich wieder einmal, genau wie Sie wahrscheinlich, an eben diesen beiden Halbsätzen. Muss das denn wirklich sein, eine Zeit zum Töten, eine Zeit für den Krieg?

Ich blätterte um und las die Überschrift zu einem Artikel: »Wir müssen dem Hunger in der Welt den Krieg erklären!« – und ich stutzte, und plötzlich wurde mir etwas klar.

Krieg, Macht und Töten – das sind erst einmal »neutrale« Wörter. Sie sind durch unsere Gefühle besetzt – und dies durchaus zu Recht, wie es uns die jüngere und jetzige Geschichte lehrt. Wir erklären den Krieg (wobei das sprachlich eine besonders spannende Variante ist: Wie wollen Sie jemandem den Krieg erklären, also verständlich machen?) – aber wir erklären den Krieg auch dem Unkraut im Rasen, den überzähligen Pfunden oder dem Hunger in der Welt. Wir töten, das heißt, wir lassen bewusst etwas in uns sterben:

einen illusionären Wunsch, der sich nie erfüllt und uns am wirklichen Leben hindert, die Erinnerung an eine zerbrochene Beziehung, die uns verschlossen hält für neue Erfahrungen, die Anhänglichkeit an Gewohnheiten und Süchte, die uns unfrei machen. Und in diesem Kontext finden wir das alles durchaus in Ordnung. Auch Macht kann lebensfördernd oder lebensvernichtend sein, je nachdem, wie jemand sie benutzt.

Auf das »Wozu« kommt es an. Was soll damit erreicht werden?

Und damit sind wir schon wieder bei der Bibel. Was sind der Sinn und Zweck und das Ziel dieses Buches, dieses Buches der Bücher?

Ich würde sehr spontan sagen: Es geht darum, die Erfahrungen, die Menschen mit Gott gemacht haben, weiterzugeben, davon zu erzählen – und das, was Gott uns sagen will, in Menschenwort weiterzugeben ... damit wir das Leben in Fülle haben.

Schritt 17

Die Zehn Gebote oder: Glauben Sie noch an den Klapperstorch?

Machen wir noch einmal einen Schwenk ins Alte Testament. Manche dieser Erzählungen sind immerhin bei vielen Christen noch irgendwie präsent, wahrscheinlich, weil sie zum Standardinhalt von Kinderbibeln und Religionsunterricht gehören. Sie haben sicherlich schon einmal vom Paradies gehört, von der Sintflut mit Noach und seiner Arche oder dem Turmbau zu Babel – und wohl auch von den Zehn Geboten. All das ist wahrscheinlich in jenen Fassungen präsent, die Grundschulkindern erzählt werden. Aber – einem Kind erzählt man anders von der Liebe zwischen Menschen und davon, wie ein Kind entsteht, als einem Jugendlichen – und noch einmal ganz anders sind die Stammtischgespräche beim Bier.

Glaube muss wachsen

Wenn wir diese Erzählungen so in uns tragen, wie sie uns in der Kindheit nahegebracht wurden, brauchen wir uns nicht zu wundern, dass wir nicht mehr daran glauben. Sie würden auch abwinken, wenn ich Ihnen mit dem Klapperstorch käme und den netten Bienen ...

Unser Glaube ist aber oft auf diesem Stand stehen geblieben. Was uns als Kindern erzählt wurde, kann uns als Erwachsene natürlich nicht durchtragen — wir laufen heute ja auch nicht mehr in der damaligen Schuhgröße durch die Welt! Auch der Glaube, die Begegnung mit Gott, muss »erwachsen« werden dürfen – und ist Teil unserer menschlichen Entwicklung. Sich mit 50 Jahren noch auf das zu berufen, was man einst in der Kindheit gehört hat, ohne sich neu damit auseinandergesetzt zu haben, das erinnert mich fatal an die Geschichte, die mir ein Freund erzählt hat: Er ist Priester und an einem Samstagnachmittag kam ein etwa 60-jähriger Mann zu ihm in den Beichtstuhl und sagte: »Herr Pfarrer, ich weiß gar nicht so recht, was ich beichten soll!« Darauf sagte der Priester etwas erstaunt: »Ja, aber warum sind Sie dann da?« – »Meine Mutter hat mich geschickt!«

Es hat einen unsagbaren Wert, wenn Eltern und Großeltern bei Kindern ein Fundament des Glaubens legen. Aber es nimmt den Kindern, egal ob sie 15 oder 50 Jahre alt sind, nicht ab, ihren eigenen Weg mit Gott und sich selbst zu suchen – und eventuell zu finden – vielleicht auch erst mit 50.

Die Bilder der Kindheit brauchen die Auseinandersetzung des Erwachsenen damit – und die entschiedene Aneignung oder auch Ablehnung.

Das hat bereits Goethe gewusst: »Was Du ererbt von deinen Vätern, erwirb es, um es zu besitzen!«. Wenn wir solche »Geschichten« aus der Bibel als Kind erzählt bekamen, wenn wir im Glauben und mit der Kirche groß geworden sind, dann gibt es etwas, worauf wir zurückgreifen können. Es mag sein, dass wir manches für uns neu übersetzen müssen, aber es ist zumindest eine Basis da.

Andere werden auf Gott und Glaube irgendwie aufmerksam und werden neugierig. Man fragt nach und informiert sich – und irgendetwas nimmt einen mit, lässt einen nicht mehr los.

Kleine Kinder brauchen pürierte Mahlzeiten und bevorzugen dann Nutella und Pommes. Aber Kinder brauchen auch Vorschriften, Rituale und Grenzen.

Erwachsene wollen etwas Handfestes – da darf auch einiges zum Kauen dabei sein. Und Vorschriften, Rituale und Grenzen fordern dann eher zum Widerspruch heraus ... oder können als Hilfe erfahren werden ... je nachdem.

Die Zehn Gebote

Genau dieses Schicksal teilen die Zehn Gebote. Irgendwann wurden wir im Religionsunterricht damit konfrontiert – und wir wissen noch so ungefähr: »Du sollst nicht begehren deines Nächsten Weib!« – solche Gebote waren ja sowieso immer die spannendsten.

Wie wir es damals erklärt bekamen, dient es heute nicht mehr zum Leben, trotzdem schwingt es irgendwie noch mit. Andererseits hat man auch keinen anderen Zugang gefunden, der zum Leben taugen würde ...

Lassen Sie uns doch einen kleinen Versuch machen:

Überlegen Sie bitte einmal für sich selbst, was Sie von den Zehn Geboten noch wissen, woran Sie sich erinnern. Wenn Sie wollen, dann schreiben Sie es ruhig auf.

● 17

Und wenn Ihnen nichts mehr einfällt, dann lesen Sie doch einfach in der Bibel nach in Ex 20,1-17.

Was geht Ihnen jetzt durch den Kopf? Was denken Sie, was spüren Sie? Haben Sie den allerersten Satz beachtet, in dem Gott zuerst daran erinnert, mit wem wir es hier zu tun haben? Gott stellt sich vor und macht deutlich, wofür er steht: »Ich bin JHWH, dein Gott, der dich aus Ägypten, dem Sklavenhaus, herausgeführt hat.« Damit erinnert Gott Mose und das Volk an seinen Namen, den er Mose einst geoffenbart hat:

Die Bibel – ein Buch für mich?

3 ¹Mose hütete die Schafe seines Schwiegervaters Jitro, des Priesters von Midian. Einmal trieb er die Schafe über die Steppe hinaus und kam zum Berg Gottes, zum Horeb. ²Da erschien ihm der Engel des Herrn in einer Feuerflamme, mitten aus einem Dornbusch heraus ... ⁷Der Herr sprach: Ich habe das Elend meines Volkes, das in Ägypten ist, wohl gesehen und sein Schreien über ihre Peiniger gehört. Ja, ich kenne sein Leiden. ⁸Darum bin ich herabgestiegen, um es aus der Gewalt der Ägypter zu befreien ... ¹³Da sprach Mose zu Gott: Wenn ich zu den Israeliten komme und ihnen sage: Der Gott eurer Väter hat mich gesandt, und sie mich dann fragen: Wie lautet sein Name?, was soll ich dann antworten? ¹⁴Da sprach Gott zu Mose: Ich bin der Ich-bin. Und er fuhr fort: So sollst du zu den Israeliten sprechen: Der Ich-bin hat mich zu euch gesandt.

Ex 3,1f.7-8a.13f

Der biblische Gottesname Jhwh bedeutet Ich-bin oder Ich-bin-da, er wird aus Ehrfurcht von Juden seit Jahrhunderten nicht mehr ausgesprochen, auch in christlichen Bibelübersetzungen steht stattdessen meistens »der Herr«.

Vor jedem Gebot (besser wäre die Übersetzung: jeder Weisung) ist also diese Zusage Gottes an sein Volk mitzudenken. Zu Beginn steht die befreiende Tat Gottes, die Zeugnis gibt vom Wesen dieses Gottes, auf den ich mich einlassen darf: Er ist der Ich-bin-da. Ich weiß, mit wem ich es zu tun habe – er ist alles andere als ein willkürlicher Gesetzgeber.

🙢 Die Weisung beginnt deshalb mit dem Hinweis auf die entscheidende Voraussetzung, dass dieser Gott ein Jhwh ist, ein zuverlässiger Beistand, und ein Gott der Freiheit. Beides ist nicht blasse theologische Theorie, sondern auf dem langen Weg bis hierher immer wieder eindrucksvoll erfahrbar geworden. Ohne diese Vorerfahrung wäre es keinem möglich, sich auf diese Weisung einzulassen … Darum diese wichtige Erinnerung als Einleitung, damit jeder weiß, dass hier kein Kommandogott mit Befehlen und Gerichtsandrohung an den Menschen herantritt, sondern der Gott, der ein Feind jeder Unterdrückung und ein Freund des Lebens und der Freiheit ist.

Heribert Fischedick (*1950), Theologe und Psychologe in Köln[26]

DIE ZEHN GEBOTE – MAGNA CHARTA DER FREIHEIT

Was beim Lesen oder Hören der Zehn Gebote meist übersehen oder überhört wird, sind die Einleitungsworte:

»Ich bin der Herr, dein Gott, der dich aus Ägypten, dem Sklavenhaus herausgeführt hat.«

Diese Einleitungsformel ist aber wesentlich für das Verständnis der folgenden Weisungen, denn in ihr wird das Anliegen des Sinai-Bundes deutlich: Jhwh, der sein Volk aus der Sklaverei in die Freiheit geführt hat, möchte gewährleisten, dass diese neu gewonnene Freiheit erhalten bleibt. Dazu sollen die folgenden Weg-Weisungen verhelfen …

1. Du wirst frei sein, wenn du nichts Gott gleichsetzt oder über Gott stellst.
Nichts und niemand kann dich versklaven, wenn der alles entscheidende Bezugspunkt deines Lebens Gott ist.

2. Du wirst frei sein, wenn du dem Namen Gottes »Ich bin da« vertraust.
Du wirst in Angst und Enge seine Weite, in jeder Form der Unterdrückung seine Freiheit und in allen Nöten seine liebende Nähe erfahren. Und rechne damit, dass Gott immer wieder neu und oft unerwartet in deinem Leben gegenwärtig sein will.

3. Du wirst frei sein, wenn du akzeptieren kannst, dass deine Arbeit, deine Leistungen und Erfolge nicht alles bedeuten.
Dein Leben ist unendlich viel mehr wert. Halte deshalb regelmäßig inne, und gestalte aus dem dir umsonst geschenkten Reichtum ein Fest des Lebens – in Dankbarkeit deinem Schöpfer gegenüber.

4. Du wirst frei sein, wenn du dir der Vor-Gabe deiner Eltern dankbar bewusst bist.
Ihnen verdankst du dein Leben. Du darfst dich annehmen, wie du bist – mit deiner Vergangenheit und ihren Prägungen.

5. Du wirst frei sein, wenn du auch das Leben anderer als Geschenk annimmst.
Sieh im anderen nicht den Rivalen oder Konkurrenten, dem man das Leben schwer machen muss, sondern lass dich vielmehr von seinem Menschsein und seinen Begabungen beschenken.

6. Du wirst frei sein, wenn du Menschen um ihrer selbst willen lieben kannst.
Benütze niemanden als Mittel für deine Ziele oder irgendwelche Zwecke. Binde Menschen nicht an dich, sondern vermittle ihnen Halt in Gott.

7. Du wirst frei sein und neidlos den Besitz anderer gelten lassen können, wenn du für deine Fähigkeiten und Begabungen und deine schöpferische Fantasie von Herzen danken kannst.
Nicht das Haben und Besitzen befreit dich, sondern die notwendige Distanz zu allen Dingen.

8. Du wirst frei sein, wenn du wahrhaftig bist: Die Wahrheit wird dich frei machen.
Lügen zerstören Vertrauen, jede Lebenslüge verhindert dein Glück.

9. Du wirst frei sein, wenn du tief in deinem Herzen zufrieden sein kannst.
Die drängende Unruhe, dies oder jenes noch unbedingt haben zu müssen, ist ein lästiger Zwang und verstellt die Sicht auf deine eigenen Ressourcen.

10. Du wirst frei sein, wenn du bestehende Beziehungen und Bindungen akzeptieren kannst.
Versuche nicht, Liebe und Zuwendung erzwingen zu wollen. Erfahrungen von wahrer Liebe sind immer Geschenk.

P. Werner Holter SJ (*1946), katholischer Pfarrer von Köln St. Peter[27]

Hat das, was Sie jetzt eben gelesen haben, noch etwas mit dem zu tun, was Sie in Erinnerung hatten?

Die beiden Grunderfahrungen

Es gibt zwei Grunderfahrungen der Menschen mit ihrem Gott, die sich durch die Bibel hindurchziehen:

Für die Bücher des Alten Testaments ist es die Erfahrung des »Exodus«, der Befreiung des Volkes Israel aus Ägypten, durch einen Gott, dessen Name »Jhwh« (Ich- bin-da) seinem Wesen entspricht.

Für die Bücher des Neuen Testaments ist es die Erfahrung der Auferstehung Jesu Christi mit der bleibenden Zusage: »Ich bin mit euch ...« (Mt 28,20).

Gott steht zu seinen Menschen: Er befreit und schenkt Leben (vgl. in diesem Buch Schritt 18 und 19). Das ist die Grundbotschaft der Bibel – und wer auch immer die Bibel dazu benutzt, um Menschen zu versklaven und unfrei zu machen, um ihnen mit Gott zu drohen und ihn als Erziehungsmittel zu missbrauchen, kann sich dabei nicht auf die Bibel berufen – und hat die Botschaft Gottes nicht verstanden.

Zur Freiheit hat uns Christus befreit. Bleibt daher fest und lasst euch nicht von neuem das Joch der Knechtschaft auflegen!

Gal 5,1

Ein Volk im Aufbruch oder: Der Schlüssel zum Alten Testament

Schritt 18

Die Schlüsselerfahrung des Alten Testaments ist der »Exodus«, der Auszug der Israeliten aus Ägypten, und der Bund Gottes mit seinem Volk.

> »Ich bin ›der Herr‹ (Jhwh = der Ich-bin-da), dein Gott, der dich aus Ägypten geführt hat, aus dem Sklavenhaus …«
>
> Ex 20,1f

Dies ist das zentrale Ereignis, das alle Erfahrungen der Israeliten mit ihrem Gott bestimmt und prägt. Vor diesem Hintergrund werden alle Geschehnisse gedeutet.

Nach den Darstellungen der Bibel kann man sich das durchaus sehr konkret und plastisch vorstellen: Da gab es eine Gruppe von Menschen, die aufgrund einer Hungersnot nach Ägypten gezogen waren, sich dort vermehrten und zahlreich wurden. Die einheimischen Bewohner aber hatten Angst vor den Fremden und zwangen sie zur Arbeit. (Falls Sie nachlesen wollen: Ex 1,1–14.)

Die Israeliten geraten ins Elend, sie werden zu Sklaven gemacht, leiden Not, ihre neugeborenen Söhne werden getötet. Gott aber erinnert sich des Bundes, den er mit Abraham geschlossen hat. Er erbarmt sich seines Volkes und beruft Mose als ihren Führer. Ihm sagt er:

»Ich habe das Elend meines Volkes, das in Ägypten ist, wohl gesehen und sein Schreien über ihre Peiniger gehört. Ja, ich kenne seine Leiden. Darum bin ich herabgestiegen, um es aus der Gewalt der Ägypter zu befreien und aus diesem

Land herauszuführen in ein schönes und weites Land, in ein Land, das von Milch und Honig fließt, in das Gebiet der Kanaaniter, Hetiter, Amoriter, Perisiter, Hiwiter und Jebusiter.« (Ex 3,7f)

Und was jetzt kommt, ist so eine Art Krimi unserer Urururur...großeltern.

Wie es die Bibel erzählt

Mose will nicht Führer des Volkes sein – und doch wird er von Gott dazu berufen. Der Pharao will die billigen und nützlichen Sklaven nicht ziehen lassen – und muss doch erleben, dass eine machtvolle Kraft an ihrer Seite und für sie kämpft.

Schließlich muss er nachgeben, und er lässt die Israeliten ziehen, um gleich darauf seine Entscheidung wieder rückgängig zu machen und ihnen mit seinem Heer nachzusetzen. Und dann kommt es zu dieser dramatischen Szene am Roten Meer, in der Mose mit Hilfe der Kraft Gottes das Meer spaltet, die Israeliten unbeschadet hindurchziehen – und in dem Moment, als die Ägypter ihnen nachsetzen, das Meer wieder zurückflutet und alle Verfolger unter sich begräbt.

Es braucht noch Jahre, bis das Volk Israel schließlich in dem Land ankommt, das ihnen von Gott verheißen wurde – und nicht immer wollen sie das, was Gott will. Aber irgendwann wird schließlich das Gelobte (= versprochene) Land erreicht – und vergessen sind die Erfahrungen der Mühsal, der Wanderschaft, des Leidens. Es bleibt die Erfahrung, dass Gott selbst sie aus der Gefangenschaft befreit, sie auf ihrem Weg begleitet hat, mit ihnen war – allen Feinden zum Trotz.

Und diese Erfahrung des Exodus bleibt prägend, trägt durch alle neuen Bedrängnisse hindurch, gibt Hoffnung, schenkt Zuversicht in der größten Not. Denn die Erinnerung bleibt: Gott hat schon einmal sein Volk aus einer schier aussichtslosen Lage befreit – er wird es wieder tun. Das ist der Glaube des Volkes Israel – und er trägt bis heute durch.

Vielleicht kennen Sie den gleichnamigen Roman »Exodus« von Leon Uris oder den Film, der nach diesem Buch gedreht worden ist: Es wird die ergreifende Geschichte der Juden nach dem Zweiten Weltkrieg erzählt, die verzweifelt und überzeugt zugleich versuchen, in dem Land eine Heimstatt zu bekommen, das ihnen nach ihrem Glauben von Gott selbst zugesagt worden ist.

Der heutige Nahostkonflikt zwischen Israelis und Palästinensern hat seine Ursachen auch in dieser Erfahrung des Volkes Israel mit ihrem Gott, aus dem heraus sie ein Recht auf dieses Land ableiten, weil ihr Gott es ihnen zugesagt hat, weil er ihre Vorfahren in dieses Land hineingeführt hat. Um die Auseinandersetzungen in dieser Region heute zu verstehen, muss man auch diese 3000 Jahre alte Geschichte der Bibel kennen.

Dabei sollte man jedoch nicht den Fehler begehen, die politischen Auseinandersetzungen dort allein auf diese Geschichte der Bibel zu reduzieren. Bei allen angeblichen »Religionskriegen« spielten und spielen auch immer handfeste materielle Interessen oder Machtansprüche eine Rolle. So sind wir Menschen ...

Der befreiende Gott

Diese »materiellen Interessen« aber tragen nur bedingt und zeitlich befristet. Die Erfahrung, dass Gott Menschen aus ihren eigenen und fremden Gefängnissen befreit, die Erfahrung des »Exodus«, will mehr und trägt weiter. Davon erzählt das Alte Testament. Der Gott, an den wir glauben, ist ein befreiender Gott – und wer aus ihm einen Gott machen will, der nur seinen eigenen Interessen dient, hat von Gott nichts verstanden oder missbraucht Gott für eigene Zwecke.

Gott übersteigt unser Denken, er entzieht sich unserem Begreifen. Und gerade die Unbegreiflichkeit Gottes ist ein Wesensmerkmal Gottes, dieses Gottes des Exodus und der Auferweckung – er ist der Gott, der Grenzen übersteigt, damit wir nicht an den scheinbaren Grenzen unseres Lebens ohne Hoffnung stecken bleiben.

DAS PESSACH-FEST

Die Geschichte des Exodus erinnern und feiern Juden jedes Jahr am jüdischen Osterfest, dem Pascha- oder Pessach-Fest. In ihren Familien begehen sie dieses Fest mit einem besonderen Mahl, dem »Seder«. Elemente des Mahles sind wie bei einem Gottesdienst festgelegt und seit Jahrhunderten in einem Buch namens »Pessach-Haggada« (»Die Erzählung von Pessach«) überliefert.

Im Ablauf des Sedermahls stellt das jüngste Kind in der Runde Fragen:

> »Warum ist diese Nacht anders als andere Nächte? An allen Abenden essen wir gesäuertes und ungesäuertes Brot, in dieser Nacht nur ungesäuertes?«

Die Antwort erinnert daran, dass die Israeliten in der Eile des Auszugs aus Ägypten keine Zeit hatten zu warten, bis ein gesäuerter Brotteig aufgegangen war.

»An allen Abenden essen wir alle möglichen Kräuter, aber an diesem nur bittere?«

Die Antwort erinnert mit der Erwähnung der bitteren Kräuter an das bittere Schicksal der Israeliten in der Sklaverei in Ägypten.

»An allen anderen Abenden gibt es kein Gebot, einzutauchen, an diesem Abend ist jeder gehalten, gleich zweimal einzutauchen?«

Die Antwort erklärt, warum während des Mahles grüne Kräuter in Salzwasser und bittere Kräuter in ein süßes Mus aus Äpfeln und Nüssen eingetaucht werden – einmal, um die salzigen Tränen durch Dankbarkeit zu ersetzen, und das zweite Mal, um die Verbitterung und das Leid zu versüßen.

»An allen anderen Abenden essen wir entweder sitzend oder angelehnt, aber an diesem Abend nur angelehnt?«

Die Antwort erklärt, dass es im Altertum ein Kennzeichen von nicht versklavten (also freien!) Menschen war, angelehnt zu essen. Indem die Mahlgemeinschaft an Pessach angelehnt isst, drückt sie aus, dass Gott sie zu freien Menschen gemacht hat.

In jeder Generation soll jeder Mensch sich so betrachten, als sei er selbst aus Ägypten ausgezogen, denn es steht geschrieben: ›Und du sollst deinem Kind an jenem Tag Folgendes erzählen: Dies geschieht wegen der Taten, die der Ewige mir getan hat, als ich aus Ägypten ausgezogen bin.‹ Nicht nur unsere Vorfahren hat Gott – Gottes Heiligkeit sei gepriesen! – erlöst, sondern mit ihnen auch uns.

Pessach-Haggada

Die Bibel – ein Buch für mich?

Vom Tod zum Leben oder: Der Schlüssel zum Neuen Testament

Die Schriften des Neuen Testaments wären nicht entstanden ohne die Erfahrung der Auferstehung Jesu Christi. Und es würde mit Sicherheit auch den christlichen Glauben ohne die Auferstehung Jesu nicht geben. Das Leben des Jesus von Nazaret war ohne Zweifel interessant, immerhin so »interessant«, dass er für seine Art und Weise zu leben und für die Meinungen, die er vertrat, hingerichtet wurde. Und für ausreichend Gesprächsstoff mag er damals auch gesorgt haben. Aber das könnte man von vielen Menschen unserer Geschichte sagen, ohne dass deswegen eine Weltreligion entstanden wäre.

Es waren die Erfahrungen von Menschen mit dem auferstandenen Jesus Christus, die aus einer Gruppe von Anhängern und Freunden Gläubige gemacht haben. Diese Erfahrungen führten dazu, dass eine Glaubensgemeinschaft entstand.

Da haben Menschen etwas erlebt mit diesem Jesus Christus, das sie nicht verstanden haben, aber das sie beeindruckt hat. Und so haben sie davon erzählt und es Jahrzehnte später aufgeschrieben – und sie haben ihren Erfahrungen, die sie gemacht haben, aber mit ihren herkömmlichen Erklärungen nicht verstehen konnten, den Namen »Auferstehung« gegeben: Sie haben konkret erlebt, dass dieser Jesus Christus unter ihnen und mit ihnen war, dass Gott mit ihnen geht – und so haben sie alles, was ihr Leben ausmachte, aus diesem Blickwinkel heraus gedeutet: »Seid gewiss, ich bin mit euch alle Tage bis zur Vollendung der Welt.« (Mt 28,20)

Das Neue Testament ist das Zeugnis derer, die an die Auferstehung Jesu Christi glauben und die diesem Glauben damit Ausdruck verleihen wollten. Und das ist genau das, wozu uns der christliche Glaube einladen will: zur Auferstehung gegen den Tod hier und jetzt.

Das Neue Testament ist nicht entstanden, weil Menschen nette Geschichten erzählten oder den unzähligen Märchenbüchern ein weiteres hinzufügen wollten, sondern weil sie eine existenzielle Erfahrung mit diesem Gott gemacht haben: Das Leben ist stärker als der Tod! Gott durchbricht die Fesseln des Todes!

AUFERSTEHUNG

das ist nur möglich
mit uns
und nicht gegen uns

wie will einer auferstehen
wenn wir ihn nicht
auferstehen lassen

wie will uns einer
zum Leben rufen
wenn wir nicht wollen

wie will uns einer einladen
zum Aufstand gegen den Tod
wenn es uns egal ist

wie will uns einer für das Leben begeistern
wenn wir uns zufrieden geben
mit dem was ist

wie sollen wir leben
wenn wir den Tod
nicht achten

und wie sollen wir werden
wenn wir nicht

sind

Andrea Schwarz[28]

Auferstehung ist die Schlüsselerfahrung, die alle Texte des Neuen Testaments durchzieht – und die nur unter dieser Grundaussage verständlich sind. Und es sind sehr persönliche Erfahrungen, die auf einmal öffentlich werden.

Genauso sind die Ostererzählungen … genauso sind alle Erzählungen von Jesus Christus: Man hat etwas erlebt, was einen noch lange danach beschäftigt – man erzählt davon, und irgendwann schreibt es jemand auf.

Und jene, die es Jahre oder Jahrhunderte später lesen, müssen es sozusagen neu zurückbuchstabieren auf das, was eine Gruppe Glaubender erlebt hat und damit zum Ausdruck bringen wollte.

21 ¹**Danach offenbarte sich Jesus den Jüngern am See von Tiberias noch einmal. Er offenbarte sich in folgender Weise:** ²**Simon Petrus und Thomas, Zwilling genannt, ferner Natanaël aus Kana in Galiläa und die Söhne des Zebedäus sowie noch zwei andere von seinen Jüngern waren beisammen.** ³**Simon Petrus sagte zu ihnen: Ich gehe fischen. Sie sagten zu ihm: Wir gehen auch mit dir. Sie gingen hinaus und stiegen in das Boot. Aber in jener Nacht fingen sie nichts.** ⁴**Als es schon Morgen wurde, stand Jesus am Ufer. Die Jünger merkten jedoch nicht, dass es Jesus war.** ⁵**Jesus sagte zu ihnen: Kinder, habt ihr nichts zu essen? Sie antworteten ihm: Nein.** ⁶**Da sagte er zu ihnen: Werft das Netz auf der rechten Seite des Bootes aus; dann werdet ihr etwas fangen. Da warfen sie es aus und konnten es wegen der Menge der Fische nicht mehr ziehen.** ⁷**Da sagte jener Jünger, den Jesus liebte, zu Petrus: Es ist der Herr! Sobald Simon Petrus hörte, dass es der Herr sei, gürtete er sich das Obergewand um – er war nämlich nackt – und sprang in den See.** ⁸**Die anderen Jünger aber kamen mit dem Boot – denn sie waren**

● 19

nicht weit vom Land entfernt, nur etwa zweihundert Ellen – und schleppten das Netz mit den Fischen hinter sich her. ⁹Als sie ans Land gestiegen waren, sahen sie am Boden ein Kohlenfeuer und Fisch darauf und Brot. ¹⁰Jesus sagte zu ihnen: Bringt von den Fischen, die ihr gerade gefangen habt. ¹¹Da stieg Petrus hinauf und zog das Netz ans Land, das mit großen Fischen gefüllt war, einhundertdreiundfünfzig Stück; und obwohl es so viele waren, riss das Netz nicht. ¹²Jesus sagte zu ihnen: Kommt, nehmt das Frühmahl ein! Keiner von den Jüngern wagte ihn zu fragen: Wer bist du? Sie wussten ja, dass es der Herr war. ¹³Jesus trat hinzu, nahm das Brot und gab es ihnen, ebenso den Fisch. ¹⁴Das war bereits das dritte Mal, dass Jesus sich nach seiner Auferstehung von den Toten den Jüngern offenbarte.

Joh 21,1–14

Es geht nicht primär um die Frage, ob sich das alles historisch genau so ereignet hat, sondern vielmehr darum: Menschen haben mit Jesus Christus etwas erlebt, dem sie mit dieser Erzählung einen Ausdruck verleihen wollten.

Sie müssen es nicht buchstabengetreu so glauben – aber es ist ernst zu nehmen als das Glaubenszeugnis von Menschen, das fast 2000 Jahre überdauert hat.

Ich greife nur einen Aspekt heraus, Vers 12b: »Keiner von den Jüngern wagte ihn zu fragen: Wer bist du?« – und es wird von keinem Gespräch berichtet. Ja, ich glaube, es gab damals kein Gespräch. Sie waren zusammen, erkannten sich, waren vielleicht überwältigt vom Augenblick. Da braucht es keine Worte. Es war ein großer, ein dichter Moment – der Auferstandene bei seinen Freunden … und da gibt es keine Worte mehr …

❧ Deinen Tod, o Herr, verkünden wir und deine Auferstehung preisen wir, bis du kommst in Herrlichkeit.
So beten Christen in der Eucharistiefeier.

Zugegeben – man kann die Bibel als »literarisches Weltkulturerbe« lesen. Das ist schon interessant genug. Aber die Bibel ist mehr. Sie spiegelt vor allem die Erfahrungen der Menschen mit ihrem Gott wider – für die jungen Christen die Erfahrungen, die sie mit dem Auferstandenen gemacht hatten, für die Israeliten ihre Erfahrungen des Exodus, der Befreiung aus Ägypten, sowie von Gottes Bund (= seinem Dasein und Unterwegssein) mit seinem Volk.

Natürlich können Sie die Schriften der Bibel einfach als Zeugnisse der Menschheitsgeschichte lesen. Aber es könnte vielleicht auch spannend sein, diese Texte mit den Fragen Ihres Lebens zu lesen, zu suchen – um vielleicht zu finden ...

Aber: Vor Risiken und Nebenwirkungen wird gewarnt!

• 19

❧ Wir sind auf der Suche nach einer Kraft,
die uns aus den Häusern,
aus den zu engen Schuhen
und aus den Gräbern treibt.
Aufstehen und mich dem Leben
in die Arme werfen –
nicht erst am jüngsten Tag,
nicht erst, wenn es nichts mehr kostet
und es niemandem mehr weh tut.
Sich ausstrecken nach allem, was noch aussteht,
und nicht nur nach dem Zugebilligten.
Uns erwartet das Leben.
Wann, wenn nicht jetzt?

Luzia Sutter-Rehmann (*1960), reformierte Schweizer Theologin[29]

Die Bibel – ein Buch für mich?

Vom Suchen und Finden oder: Eine persönliche Erfahrung

Bittet und es wird euch gegeben; sucht und ihr werdet finden; klopft an und es wird euch aufgetan. Denn jeder, der bittet, empfängt, und wer sucht, findet, und wer anklopft, dem wird aufgetan. Wo ist unter euch ein Vater, der, wenn ihn sein Sohn um einen Fisch bittet, ihm statt des Fisches eine Schlange gäbe? Oder wenn er um ein Ei bittet, ihm einen Skorpion gäbe?

Lk 11,9–12

Liebe Mitchristen!

Das Evangelium, das wir eben gehört haben, gehört für viele zu den trostvollen und tröstenden Stellen des Neuen Testaments. Welche Zusage aber auch: »Bittet und euch wird gegeben, sucht und ihr werdet finden, klopft an und euch wird aufgetan!«

Aber wenn man genau hinschaut, dann ist diese Stelle eben nicht nur nett und tröstend, sondern sogar ziemlich radikal – und man ahnt spätestens dann darum, dass es nicht nur um eine schöne Zusage geht, wenn Gebete nicht erhört werden, die Suche erfolglos ist, und Türen verschlossen bleiben. Was ist dann mit dieser Zusage? Hält Gott seine Versprechen doch nicht?

Ich möchte Ihnen gerne eine kleine Geschichte aus meinem Leben erzählen. Manche von Ihnen wissen, dass ich in Wiesbaden geboren und aufgewachsen bin – und dass meine Eltern dort noch lange lebten. Meine beruflichen Wege hatten mich in den Schwarzwald verschlagen – und ich lebte sehr gerne dort. Dann erkrankte völlig überraschend meine Mutter, damals 72 Jahre alt, von heute auf morgen Krankenhaus, über ein halbes Jahr hin sechs Operationen, schließlich die Amputation eines Beines, Reha. Mein Vater litt an einer Verletzung aus dem Zweiten Weltkrieg – und schnell war klar: Der Zustand meiner Eltern ist so, dass ich einfach räumlich mehr in die Nähe ziehen muss. Ich war damals freiberuflich tätig, und so war es ziemlich egal, ob ich die Bücher im Badischen oder im Rheinhessischen schrieb und zu meinen Kursen von Mainz oder Freiburg aus startete. Ich suchte also eine Eigentumswohnung irgendwo in Rheinhessen, möglichst nahe an Mainz. Diejenigen, die so etwas schon einmal mitgemacht haben, wissen, was das heißt: Als alleinstehende Frau sich kundig machen über Teilungserklärungen, Bankkredite, Finanzierungen und Vertragsfragen – und auf eine Entfernung von 200 Kilometern mit einem mehr als gut gefüllten Terminkalender eine Wohnung zu suchen. Ich machte mehr als drei Kreuze, als ich schließlich eine schöne Wohnung bei Wörrstadt gefunden hatte, der Notarstermin feststand und die Finanzierung gesichert war.

Einen Tag vor dem Termin beim Notar klingelte das Telefon, die Maklerin aus Mainz war dran und sagte ganz behutsam: »Setzen Sie sich am besten erst einmal!«. Die Eigentümer hatten einen Tag vor dem Notarstermin die Wohnung an einen anderen verkauft, der 10.000 Mark mehr geboten hatte. Die ganze Suche konnte wieder losgehen. In solchen Situationen wird ein Satz wie »Sucht und ihr werdet finden!« zum blanken Hohn.

Ich fing wieder von vorne an. Die Maklerin hatte wohl auch ein schlechtes Gewissen und bediente mich eifrig mit Wohnungsangeboten. Bei einem wurde ich besonders neugierig, es war zwar viel zu weit von Mainz weg, aber in der

Ausschreibung stand drin: »Der Bauherr ist Ihnen auch gerne beim Umzug behilflich!«. Die Wohnung war zwar uninteressant, aber ein Bauherr, der so etwas anbot, interessierte mich. Und so machte ich einen Termin aus, verliebte mich in eine wunderschöne Dachgeschoßwohnung, die damals von den Mauern gerade einen Meter hoch war – und landete in einem kleinen rheinhessischen Dorf in der Nähe von Alzey.

Und ich habe mich später oft gefragt: »Was um alles in der Welt mache ich eigentlich hier?«.

Drei Jahre später wurde ein junger südafrikanischer Priester Pfarrverwalter unserer kleinen Diasporagemeinde – und es begann eine geistliche Freundschaft und eine wunderschöne Zusammenarbeit in der Gemeinde. Und als es anstand, dass er als junger Priester eine größere Aufgabe übernehmen sollte, fanden wir es beide schade, dass das Miteinander damit beendet sein sollte. Und so wurden wir bei der Diözese vorstellig – und das Unglaubliche geschah: Ich bekam eine halbe Stelle in den beiden Gemeinden, die dieser junge Priester übernehmen sollte.

Dass ich lange Zeit in Viernheim als pastorale Mitarbeiterin in Aufgaben tätig sein durfte, die mich unsagbar erfüllten, dass ich mit diesen Herausforderungen glücklich war, das lag eigentlich daran, dass ein Verkäufer einen Tag vor einem Notarstermin eine Wohnung an jemand anderen verkaufte. Ich habe damals geschimpft und gehadert, auch mit Gott – und doch war es gut so, wie es war. Mein Leben hätte vollkommen andere Bahnen genommen, wenn meine Bitten damals erfüllt worden wären.

Ein Wort von Konrad Adenauer kommt mir in den Sinn: »Die Menschen leben alle unter dem gleichen Himmel, haben aber nicht alle den gleichen Horizont.« Und das gilt auch für Gott: Sein Horizont ist weiter, ist größer als meiner. Er agiert in Zeiträumen und in Dimensionen, die meinem begrenzten Denken verschlossen bleiben.

Ja – die Zusage gilt: »Bittet und es wird euch gegeben; sucht und ihr werdet finden; klopft an und es wird euch aufgetan.« Dummerweise wird nicht dazugesagt, ob das, was uns gegeben wird, das ist, worum wir gebeten haben, ob das, was wir finden werden, das ist, was wir gesucht haben, und ob es immer die Vordertür ist, die uns geöffnet wird. Manchmal ist das, was wir uns wünschen, von unseren begrenzten, manchmal sogar kleinen Vorstellungen bestimmt. Gott denkt größer, weiter, ewiger: »Wir leben alle unter dem gleichen Himmel, haben aber nicht alle den gleichen Horizont« – Gottes Horizont ist größer.

Und es gibt eine zweite Zusage: Wer um ein Ei bittet, wird keinen Skorpion bekommen – und wer um einen Fisch bittet, wird keine Schlange erhalten. Gott schenkt nichts Böses oder Vernichtendes.

Was aber geschieht, wenn einer, der um ein Ei bittet, plötzlich ein Huhn bekommt? Und der mit dem Fisch eine Angel?

Natürlich werden sie sich zuerst beschweren, dass sie nicht das bekommen haben, was sie wollten – um vielleicht irgendwann später einmal zu erkennen, dass das, was Gott ihnen geschenkt hat, unendlich viel mehr ist, als das, was sich ihre Fantasie erbitten konnte.

Ganz ehrlich gesagt: Ich bin froh, dass Gott manche Bitten in meinem Leben nicht so erfüllt hat, wie ich es gerne gehabt hätte. Seine Ideen waren eindeutig besser. Manche Lebenssituationen erschließen sich erst im Nachhinein – und es zeigt sich: Es war gut so, wie es war – auch wenn ich es damals nicht verstanden habe.

Gottes Horizont ist größer …

Aus einer Predigt von Andrea Schwarz

Es könnte sein, dass dies auch für das Lesen der Bibel gilt: Manches erschließt sich erst im Nachhinein – und es mag sein, dass man manches findet, was man gar nicht gesucht hat.

SCHLÜSSEL

Mit einem Schlüssel kann man zuschließen und öffnen.
Es gibt Menschen, die verschließen mir
den Zugang zur Bibel.
Da ist ein Gewirr von Gedanken und Einschätzungen,
von Meinungen und Urteilen.
Da ist Streit um die Wahrheit.
Wer ist schon im Besitz von »der« Wahrheit?
Und es gibt andere, die schließen mir die Bibel auf.
Sie schaffen mir Zugang zur Guten Nachricht.
Sie machen mich neugierig auf die Nähe dessen,
der sagte: Ich bin die Wahrheit.
Mit einem Schlüssel kann man zuschließen und öffnen.

Autor unbekannt

DAS WORT GOTTES KAM IN DIE STADT

Es war Sonntag. Das Wort Gottes kam in die Kirche der Stadt. Die Geistlichkeit bereitete ihm einen feierlichen Empfang. Ein Thron war bereitgestellt, und das Wort Gottes nahm Platz. Man brannte ihm Weihrauch. Und dann hob der Prediger an, das Wort Gottes zu preisen, und sagte, das Wort Gottes rede in einer alten Sprache und habe sich die Zunge der Prediger geliehen, um sich allen verständlich zu machen. Und so sprach er darüber, aber das Wort Gottes selbst kam nicht zu Worte. Die Leute merkten es, sie fanden die Rede des Predigers schal und fingen an, nach dem Wort zu rufen. »Das Wort«, schrien sie, »das Wort!«

Fridolin Stier (1902–1981), katholischer Bibelwissenschaftler[30]

Aber das Wort Gottes war nicht mehr in der Kirche. Es war weitergegangen. Auf dem Thron lag ein altes Buch …

Es hatte sich zu einem Wort-Gottes-Gelehrten begeben. »Ach, da sind Sie ja«, sagte der Theologe, »ich habe auf Sie gewartet, ich habe nämlich eine Frage an Sie.«

»Fragen Sie«, sagte das Wort Gottes, »ich freue mich. Sie sind der Erste, seit ich hier bin, der mich etwas fragen will; die anderen haben über mich, über mich hin, geredet.« »Ich frage Sie also«, sagte der Gottesgelehrte, »was Sie bei mir zu suchen haben, ausgerechnet bei mir, der ich Sie durch und durch kenne. Sie kennen doch gewiss meinen Traktat über Sie – fehlt da etwas?« »Nichts als das Wichtigste: Ich! Ich selbst bin nicht drin. Sie haben mich untersucht und eine ganze Menge über mich herausgefunden; aber mich gesucht haben Sie nie. Sie haben mir nachgeforscht, Sie haben nicht nachgelassen, die diversen Probleme, die ich Ihnen und Ihresgleichen immer von neuem stelle, mutig anzusprechen und …·manches klug zu lösen. Aber immer, wenn ich Sie und Ihre Zunftgenossen über mich sprechen höre, über meinen Ursprung, meine Gestalten, meine Wander- und Wirkgeschichte, dann komme ich mir selbst etwas fremd vor.« – »Fremd, sagen Sie, warum?« – »Sehen Sie, Sie haben mich noch immer nicht so ›erkannt‹, wie ich erkannt sein möchte. Ich bin nämlich nicht von der Art der Dinge, über die man sprechen kann, ohne sie zu zersprechen.« – »Ich sollte Sie zer-sprochen haben? Die Wahrheit über Sie habe ich gesucht, und wie Sie eben zugaben, mit einigem Erfolg – ich verstehe Sie nicht.« »Da haben wir es: Ich verstehe, dass Sie mich nicht verstehen, Sie können es gar nicht! Denn immer halten Sie mich drei Schritte vom Leib, nur ja nicht! Zum Objekt machen Sie mich, machen sich über mich her, und Sie erfreuen sich der Lust, mich mit Wahrheiten über mich zu bewältigen. Aber an Sie selbst lassen Sie mich nicht heran. Und gerade darauf habe ich es abgesehen. Ja, ich möchte Ihnen und allen Ihresgleichen zu Leibe rücken. Sie sprechen über mich, ich aber, ich, Gottes Wort, ich spreche mich Ihnen an, ich spreche mich in Sie hinein, dazu bin ich gekommen. Was ich bei Ihnen zu suchen habe, fragen Sie mich. Jetzt wissen Sie es: Sie, ich suche Sie! Und wenn Sie noch mehr wissen wollen: Ich möchte, dass ich durch Sie hindurchspräche.« – »Aber das wäre doch Prophetie«, wehrte sich der Mann, »wo bliebe da die Theologie?« – »Da sehen Sie zu«, sprach das Wort Gottes, sprach's und ging. ...

Praktische Bibeltipps

ICH BRAUCHE DIE BIBEL

Es gibt Menschen, die die Bibel nicht brauchen. Ich gehöre nicht zu ihnen. Ich habe die Bibel nötig.

Ich brauche sie, um zu verstehen, woher ich komme.

Ich brauche sie, um in dieser Welt einen festen Boden unter den Füßen und einen Halt zu haben.

Ich brauche sie, um zu wissen, dass einer über mir ist und mir etwas zu sagen hat.

Ich brauche sie, weil ich zu den Kindern Gottes und zu ihrer Gemeinschaft gehören möchte.

Ich brauche sie, weil ich gemerkt habe, dass wir Menschen in den entscheidenden Augenblicken füreinander keinen Trost haben und dass auch mein eigenes Herz nur dort Trost findet.

Ich brauche sie, um zu wissen, wohin die Reise mit mir gehen soll.

Jörg Zink (*1922), evangelischer Pfarrer und Publizist[31]

Komm mit ins Abenteuerland – Einstieg in die Bibel

❧ Rede nicht vom Evangelium, ohne danach gefragt zu werden. Lebe aber so, dass dich die Leute danach fragen.
Bibelwerk Linz[32]

Ob ich Sie wohl noch zu einigen Entdeckungsreisen in der Bibel einladen darf? Dann möchte ich Sie mitnehmen zu ein paar Bibelstellen, die ich besonders mag.

10 TAGE MIT DER BIBEL

Vielleicht könnte das ein Vorschlag für die nächsten Tage sein: Am Morgen einfach jeweils eine der folgenden Bibelstellen suchen und nachlesen, um sich von diesen Schriftworten und den Impulsen durch den jeweiligen Tag begleiten zu lassen.

1. Tag: Gen 1,26–31a
Heute will ich zulassen, dass Gott in mir lebt, und ich ein Abbild Gottes bin.

2. Tag: 1 Kor 3,16f
Ich gehe mit dem Bewusstsein durch den Tag, dass ich Tempel Gottes bin, dass Gott in mir wohnt.

3. Tag: Ps 1
Woraus lebe ich?

Praktische Bibeltipps

4. Tag: Sir 14,11.14
Heute freue ich mich bewusst darüber, dass ich leben darf.

5. Tag: Joh 10,7–15
Für mich bedeutet »Leben in Fülle« …

6. Tag: Lk 4,16–22a
Aus welchen Gefängnissen möchte ich befreit werden?

7. Tag: Ps 91
Ich vertraue auf Gottes Schutz!

8. Tag: Dtn 28,1–14
Ich bitte Gott um seinen Segen für …

9. Tag: Mt 28,20b
Ich vertraue der Zusage, dass Gott mit mir ist.

10. Tag: 1 Petr 3,15
Heute lebe ich so, dass andere mich fragen …

Vielleicht möchten Sie schon ganz alleine Erfahrungen mit der Bibel machen: Na, wunderbar! Hier noch einige hilfreiche Hinweise mit auf den Weg …

Wie anfangen?

Wo und wie fängt man eigentlich am besten mit dem Bibellesen an? Es gibt Menschen, die sich ihre Ziele sehr hoch stecken: Sie nehmen sich vor, mit dem Lesen auf Seite 1 der Bibel zu beginnen und erst bei der letzten Seite aufzuhören. So lobenswert dieses Vorhaben auch sein mag, ich würde eher davon abraten. Die Gefahr wäre ziemlich groß, dass das Buch auf Seite 83 entnervt zur Seite gelegt wird.

Es gibt einige andere Zugangswege zur Bibel, die eher dafür geeignet sind, die Freude am Bibellesen beizubehalten oder erst so richtig Lust an der Bibel wecken.

> Ein Leser hat's gut: Er kann sich seine Schriftsteller aussuchen.
>
> Kurt Tucholsky (1890–1935), deutscher Journalist und Schriftsteller[33]

1. Systematisch vorgehen

Wenn Sie die Bibel systematisch erkunden möchten, dann entscheiden Sie sich zuerst einmal für eines der Bücher aus der Bibel. Wenn Sie es am Anfang mit dem Neuen Testament versuchen möchten, dann wäre es am sinnvollsten, mit einem der Evangelien zu beginnen.

Für den ersten Einstieg würde ich persönlich das Markus-Evangelium vorschlagen. Es ist das älteste Evangelium, um 70 n. Chr. entstanden. Es ist dadurch das »ursprünglichste« Evangelium, noch am nächsten am eigentlichen Geschehen dran, von dem es erzählt. Jesus hat im Markus-Evangelium

Praktische Bibeltipps

noch ein »menschlicheres« Gesicht. – Vergleichen Sie zum Beispiel Mk 6,30f mit Lk 9,10 oder mit Mt 14,13.

Falls Sie mit dem Alten Testament beginnen wollen: Im Buch der Psalmen finden Sie all das wieder, was es in einem menschlichen Leben überhaupt gibt: Verzweiflung, Jubel, Angst, Not, Klage, Freude. Ein guter Einstieg könnte auch das Buch Genesis sein, wenn Sie es unter dem Vorzeichen »Urgeschichten der Menschen« lesen. Oder das Buch Exodus, in dem von der Befreiung des Gottesvolkes aus der Knechtschaft Ägyptens zu lesen ist. Eine andere Möglichkeit ist es, mit einem Prophetenbuch zu beginnen. Vor allem das Buch Amos mit seiner radikal sozialen Botschaft könnte interessant sein.

(Falls Sie an dem entsprechenden Fachbegriff für diese Art des Bibellesens Freude haben sollten: »lectio continua« – eine kontinuierliche, also fortlaufende Lesung.)

DIE EINE BOTSCHAFT AUS VIER PERSPEKTIVEN

Markus-Evangelium

Das Markus-Evangelium ist das älteste der vier Evangelien, es wurde um 70 n. Chr. aufgeschrieben. Hier wirkt Jesus zunächst in Galiläa (um den See Gennesaret) und im zweiten Teil dann in Jerusalem. Dort stirbt Jesus, und dort wird »nach drei Tagen« von seiner Auferweckung erzählt. Markus zeigt besonders die menschliche Seite Jesu – dennoch: Er ist der Sohn Gottes.

Mit der Erzählung vom leeren Grab bringt Markus eine große Dynamik in sein Evangelium. Der mit einem weißen Gewand bekleidete junge Mann sagt den Frauen, die den Leichnam Jesu suchen: »Er geht euch voraus nach Galiläa; dort werdet ihr ihn sehen« (Mk 16,7). Damit wird ganz am Schluss das Programm für alle, die Jesus nachfolgen, genannt: Wer Jesus begegnen will, wird am Ende eingeladen, noch einmal ganz von vorne zu lesen zu beginnen und so nochmals Jesus zu folgen auf dem Weg von Galiläa bis nach Jerusalem und von dort erneut »zurück« nach Galiläa.

Matthäus-Evangelium
Matthäus schreibt ca. 10 bis 15 Jahre später als Markus und folgt grundsätzlich dem Konzept des Markus-Evangeliums, setzt aber andere Schwerpunkte: Durch so genannte »Erfüllungszitate« aus dem Alten Testament werden Jesu Reden in Galiläa und seine Ankunft in Jerusalem hervorgehoben und betont, dass sich die Hoffnungen Israels für den Autor in Jesus »erfüllen«. Matthäus stammt aus dem Judentum und ist somit ein Judenchrist. Er spannt in seiner Schrift einen viel größeren Bogen als Markus, wenn er am Beginn die Sterndeuter aus dem Osten kommen und die Familie Jesu nach Ägypten fliehen lässt. Er stellt Jesus als den neuen Mose dar. Deutlich sprengt er den »engen« geografischen Horizont des Markus-Evangeliums, da dem Evangelisten auch die Heidenmission ein großes Anliegen ist. Matthäus schließt mit der Zusage: »Ich bin mit euch alle Tage bis zur Vollendung der Welt« (Mt 28,20b).

Lukas-Evangelium
Auch Lukas folgt im Wesentlichen dem Markus-Evangelium, doch sind die Abweichungen nicht unerheblich: Nach der »Vorgeschichte« (Geburt des Täufers und Jesu) erzählt er vom Wirken Jesu in Galiläa, bringt dann einen »Reisebericht« und

schildert schließlich das Wirken Jesu in Jerusalem, seine Passion, Auferstehung und Himmelfahrt. Gerade Lukas betont ausdrücklich die Hinwendung Jesu zu den Menschen, die am Rand der Gesellschaft stehen. Jesus bringt die gute Nachricht auch und vor allem den Armen und Bedrängten. Sein Evangelium endet in Jerusalem, wo die Apostelgeschichte (das 2. Buch, das Lukas verfasst hat) anknüpft und mit der Geistsendung die Zeit der jungen Kirche beginnt. Beide Schriften sind Theophilus gewidmet – sie richten sich somit an »Gottesfreundinnen und Gottesfreunde«.

Johannes-Evangelium
Die Evangelien nach Matthäus, Markus und Lukas stimmen in den Erzählungen von Jesu Wirken weitgehend überein. Deshalb werden sie in der Fachsprache »synoptische Evangelien« genannt (griechisch *synopsis*: »Zusammenschau«). Jesus verbrachte demnach eine gewisse Zeit in Galiläa, bevor er nach Jerusalem zog. Das Johannes-Evangelium, das gegen Ende des 1. Jahrhunderts n. Chr. verfasst wurde, bietet dagegen ein anderes Konzept und zeigt bereits viel theologische Reflexion. Hier unternimmt Jesus anlässlich von Festen mehrere Reisen nach Jerusalem und hält sich auch in Judäa und Samarien auf. Jesus ist von allem Anfang an der »Sohn Gottes«, der von Gott in die Welt gesandt wurde, um die Welt zu retten. Die menschliche Seite Jesu kommt in diesem Evangelium wenig zum Tragen. Jesus erfüllt den Willen des Vaters und wird am Kreuz erhöht. Nach seiner Rückkehr zum Vater sendet er seinen Geist, damit seine Jüngerinnen und Jünger in der Welt gestärkt werden.

Ingrid Penner und Franz Kogler[34]

2. Vorgegebene Leseordnungen

Natürlich wurde immer schon versucht, den Menschen, welche die Bibel entdecken wollten, entsprechende Hilfen und Unterstützungen an die Hand zu geben, um damit den Reichtum der biblischen Schriften erschließen zu können.

In der katholischen Kirche gibt es eine offizielle Leseordnung, die auf der gesamten Welt verbindlich ist. Das heißt: Wenn Sie in einen katholischen Gottesdienst gehen, können Sie in der Regel im Voraus sagen, welchen Text Sie hören werden. Es gibt dabei eine Leseordnung für die Sonn- und Feiertage, die drei Lesejahre umfasst, je eines schwerpunktmäßig auf die Evangelisten Matthäus, Markus oder Lukas ausgerichtet. Texte aus dem Johannes-Evangelium werden in jedem Lesejahr in der Osterzeit und an manchen Feiertagen gelesen. Außerdem gibt es eine Leseordnung für die Werktage, die beim Evangelium ein Jahr umfasst und bei der Lesung einen Zwei-Jahres-Rhythmus hat. Diese Leseordnung will die Hörenden durch ausgewählte wichtige Bibelstellen führen.

Das könnte natürlich ein guter Zugang auch für unerfahrene Bibelleserinnen und Bibelleser sein, zumal die Wahrscheinlichkeit groß ist, dass in einem Gottesdienst eine entsprechende Auslegung der Bibelstelle in einer Einführung oder Predigt durch den Leiter des Gottesdienstes zu hören ist. Manche Fragen, die sich beim Lesen ergeben haben, werden vielleicht dadurch schon beantwortet. Oder es stellen sich ganz neue Fragen …

Diese vorgegebenen Schriftstellen sind relativ leicht zu finden: Sie werden manchmal in den Pfarrbriefen der Gemeinde veröffentlicht, in der Kirchenzeitung, in den so genannten »Direktorien« (kleine preiswerte Bücher zur liturgischen Ordnung, herausgegeben von den Diözesen), in manchen katholischen Abreißkalendern oder auch im Internet. In »Bibelleseplänen«, die für jeden Tag einen Bibeltext (meist mit Erklärungen) anbieten, wird oft die liturgische Leseordnung aufgegriffen.

Auch die evangelischen Kirchen kennen eine offizielle Leseordnung. Die Predigttexte sind in einer »Perikopenordnung« vorgegeben, allerdings nicht ganz so verbindlich wie die Leseordnung in der katholischen Kirche. Die Perikopenordnung umfasst sechs Reihen von Bibeltexten, quer durch das Alte und Neue Testament. Weil jeder Sonntag unter einem bestimmten Motto steht und deshalb Wochenspruch (beispielsweise bezogen auf den ersten Adventsonntag: Sach 9,9), Psalm (hier: Ps 24), Schriftlesung (hier: Röm 13,8-12), Evangelium (hier: Mt 21,1-9) und Predigttext (hier: Jer 23,5-8) thematisch zusammenpassen, kann es eine Anregung für die eigene Beschäftigung mit der Bibel sein, sich, etwa über die Woche verteilt, jeweils einen dieser Schrifttexte vorzunehmen. Die Perikopenordnung finden Sie in evangelischen Kirchenzeitungen – meist mit einigen Gedanken zum Predigttext – oder auch im Internet.

Darüber hinaus gibt es noch einen ökumenischen Bibelleseplan, der in vier Jahren bei täglicher Bibellesung durch das Neue Testament führt, in acht Jahren durch die ganze Bibel.

Eine andere Anregung zum eigenen Bibellesen bieten die »Herrnhuter Losungen«. Das Buch im Westentaschen-Format (also auch für »Heimlichlesende« geeignet) erscheint bereits seit 1731 jährlich und dürfte eine der bekanntesten »Einladungen« zum Bibellesen sein. Die »Losungen« gehen auf Graf von Zinzendorf zurück, Leiter einer christlichen Gemeinschaft, der für jeden Tag ein Bibelwort und einen Gebetsvers zusammenstellte. Bis heute zeichnet die Herrnhuter Brüdergemeinde für die Auswahl der »Losungen« verantwortlich; aus einer Sammlung von nahezu 2000 Bibelversen werden etwa zweieinhalb Jahre im Voraus die Verse eines Jahres »ausgelost«. In der aktuellen Ausgabe bringen die »Losungen« jeden Tag je ein Schriftwort aus dem Alten und Neuen Testament, ferner einen Liedvers oder ein Gebet. Zu beziehen sind die »Losungen« in (fast) jeder Buchhandlung.

3. Zufallsprinzip

Natürlich können Sie auch einfach die Bibel aufschlagen und irgendwo zu lesen anfangen – oder Sie warten, bis Sie wieder mit einer Bibelstelle konfrontiert werden und schlagen dann nach. Dabei gibt es zwei Möglichkeiten: Entweder machen Sie solche Erfahrungen damit, dass Sie »Lust auf mehr« bekommen – und dann greifen Sie sowieso wieder auf Methode 1 oder 2 zurück. Oder Sie geraten an einen ganz unverständlichen Text und nehmen die Bibel nie wieder zur Hand (schauen Sie doch zum Beispiel einmal in den Beginn des Buches Numeri hinein ...). Und das wäre ja nun wirklich schade ...

Wie liest man nun am besten?

> Die göttlichen Worte wachsen mit den Lesenden, indem sie gelesen werden.
>
> Papst Gregor der Große (um 540 bis 604)[35]

Zu Beginn ein Tipp: Beginnen Sie mäßig – aber regelmäßig! Auch einen Marathonlauf kann man nicht ohne Training angehen. Diese Regelmäßigkeit muss gar nicht so groß sein: Möglicherweise reicht für den Beginn schon, im

Praktische Bibeltipps

Vorfeld den Text des Evangeliums vom kommenden Sonntag nachzulesen. Vielleicht setzen Sie auch nur konsequent das Zufallsprinzip um, greifen nach der Bibel, wenn Sie etwas suchen oder von einer Schriftstelle berührt worden sind. Vielleicht haben Sie Lust, in der Advents- oder Fastenzeit täglich zur Bibel zu greifen und in diesen Tagen einen Brief eines Apostels oder eines der kleineren Prophetenbücher aus dem Alten Testament zu lesen.

Hilfreich kann es sein, sich nicht nur eine bestimmte Zeit, sondern auch einen gleichbleibenden Ort dafür zu wählen. Möglicherweise können Sie sich mit dem Anzünden einer Kerze darauf einstimmen, dass jetzt eine Zeit angesagt ist, die Ihnen und dem Wort Gottes gehört.

Wenn Sie sich tatsächlich zwei Bibeln zugelegt haben sollten, eine »Arbeits-« und eine »Sonntagsbibel«, dann unterstreichen Sie beim Lesen in Ihrer Arbeitsbibel ruhig wichtige Gedanken, machen Sie Ausrufe- und Fragezeichen an den Rand, notieren Sie sich irgendwo, was Ihnen an Überlegungen kommt!

Weniger ist oft mehr – das gilt auch für die Bibel! Setzen Sie nicht Ihren Ehrgeiz darein, möglichst schnell möglichst viel zu lesen. Manchmal kann schon ein Satz genügen, um damit die nächsten Tage beschäftigt zu sein. Beim Bibellesen geht es nicht um Quantität, sondern um Qualität. Es geht eben nicht darum, einfach nur etwas zu lesen, sondern zu fragen: Was will Gott mir damit sagen? Und das kann manchmal ein Satz sein, manchmal ein Absatz oder auch ein Kapitel.

Und es wird Texte in der Bibel geben, die Ihnen überhaupt nichts sagen. Auch das darf sein – und sagt vielleicht viel mehr über Ihre persönliche Situation aus als über die Bibel. Wenn ich in meinem Leben gerade mit dem Tod konfrontiert worden bin, dann werde ich die Bibelstellen zu Tränen, Tod und Auferstehung anders lesen, als wenn ich gerade frisch verliebt bin – da bietet sich als Lektüre dann eher das Hohelied aus dem Alten Testament an.

Bemühen Sie sich gar nicht erst, mit der Bibel »fertig zu werden« – denn Sie werden damit nicht fertig werden! Deswegen wird die Bibel ja auch so oft als Antwort auf die Frage genannt, welches Buch man auf eine einsame Insel mitnehmen würde. Und das ist zugleich das Spannende an der Bibel: Ein »gleichbleibender« Text begegnet mir in verschiedenen Situationen meines Lebens – und sagt mir ganz Unterschiedliches, je nachdem, unter welchen Vorzeichen ich ihn lese. Deswegen: Sie brauchen nicht alles heute, hier und jetzt zu verstehen – heben Sie sich ruhig noch etwas für den »zweiten Durchgang« auf!

Deshalb stimmt das durchaus, was Ihnen vielleicht schon damals Ihr Englisch- oder Französischlehrer gesagt hat: Bemühen Sie sich zuerst, die Gesamtaussage eines Textes zu erfassen, und halten Sie sich in einem »ersten Durchgang« nicht an den Stellen auf, die Sie nicht verstehen. Akzeptieren Sie es einfach, dass sich Ihnen manches nicht auf Anhieb erschließen wird und dass Sie manches nicht verstehen werden. Der größte Fehler wäre es dann, sich so in einen Satz zu verbeißen, dass man nicht mehr weiterliest.

Wenn Sie Fragen haben, dann schreiben Sie diese einfach auf. Und suchen Sie nicht gleich nach einer Antwort. Fragen halten Suchprozesse offen. Solange man fragt, ist man noch auf dem Weg. Jede Antwort stoppt das Suchen – und damit den Weg.

Und machen Sie sich nur keine Illusion: Jede gute Antwort zieht mindestens zwei neue Fragen nach sich.

SIEBEN ANSTIFTUNGEN ZUM BIBELLESEN

Über Jahrhunderte wurde die Bibel hoch verehrt, jedoch kaum beachtet, welche Kraft und Stärkung aus der Beschäftigung mit den einzelnen Texten erwachsen kann. Nicht selten wurde die Beschäftigung mit der Bibel sogar als gefährlich hingestellt. Heute ist sie für viele eine lebendige Quelle für den persönlichen Glauben und eine Motivation für das eigene Engagement.

1. Die Bibel lesen. Aber wie?

Die Bibel ist eine Sammlung von 73 Einzelschriften, in denen uns unterschiedlichste und durchaus auch widersprüchliche Erfahrungen mit Gott und den Mitmenschen überliefert sind. Der Zugang zur Bibel ist so vielfältig, wie es die Menschen sind. Vor (und nach) dem Lesen können ein tiefes Durchatmen und eine kurze Stille die Aufmerksamkeit auf den Bibeltext verstärken. Hilfreich kann sein, sich einen Satz auswendig einzuprägen. Bibellesen bedarf keiner besonderen Technik, sondern ist einfach ein Verweilen – sich von der Nähe Gottes berühren lassen.

2. Die Bibel lesen. Aber warum?

Viele Bibeltexte wollen für die Lesenden zu einem Evangelium, zu einer frohen Botschaft werden. Das Bibellesen ist zu vergleichen mit dem Genießen der Natur. Einatmen – sich freuen und bestärken lassen. Gerade zum Bibellesen gibt es kein »Muss«. Vielmehr gilt: Du darfst, du kannst – nutze die Chance, beginne etwas zu entdecken! Jesus ist gekommen, damit wir das Leben haben, und es in Fülle haben (vgl. Joh 10,10).

3. Die Bibel lesen. Aber was?

Grundsätzlich kann man bei jedem biblischen Buch zu lesen beginnen. Bewährt hat sich ein Einstieg beispielsweise mit den Psalmen (in der Mitte der Bibel) oder mit einem Evangelium oder dem Philipperbrief. Wer sich in der Bibel schon ein wenig zurechtfindet, kann die Texte des Sonntagsgottesdienstes im Voraus oder im Nachhinein lesen und meditieren.

4. Die Bibel lesen. Aber wer?

Der Zugang zur Heiligen Schrift steht – spätestens seit dem Zweiten Vatikanischen Konzil – allen Christinnen und Christen weit offen. Daher darf, soll und kann jede/r zur Bibel greifen. Viele erleben es als bereichernd, wenn sie sich neben der persönlichen Bibellektüre auch mit anderen in einer Bibelgruppe über Bibeltexte austauschen.

5. Die Bibel lesen. Aber wozu?

Beim Lesen der Bibel geht es zunächst um einen Einblick in Erfahrungen von Glaubenden aus früherer Zeit. Bibellesen ist eine Chance, das Leben und den Glauben neu zu sehen und aus den Erfahrungen anderer zu lernen. Diese von Menschen formulierten Texte wollen für die Lesenden zum Wort Gottes werden: Was willst du, Gott, mir damit sagen?

6. Die Bibel lesen. Aber wann?

Wer sich für das Lesen der Bibel Zeit nimmt, wann er/sie möglichst ungestört ist, hat damit gute Voraussetzungen geschaffen, sich ganz zu öffnen. Wer sich selbst gleich am Morgen so eine Zeit schenken kann, hat gut investiert. Beginnen Sie gerade am Anfang mäßig. Wenn sich aus dem »mäßigen« Beginn mit der Zeit ein »regelmäßig« ergibt, so ist das ein besonderes Geschenk an sich selbst.

Praktische Bibeltipps

7. Die Bibel lesen. Aber wo?

Für viele ist es eine große Hilfe, sich für das Lesen eines Bibeltextes an einen eigens dafür vorgesehenen Lieblingsplatz zurückzuziehen. Auch eine attraktive Bibel kann die Freude am Bibellesen fördern. Das Entzünden einer Kerze kann eine gute Einstimmung auf den Bibeltext sein.

Hans Hauer (*1956) und Franz Kogler (*1958),
Mitarbeiter im Bibelwerk Linz[36]

EINTAUCHEN IN DIE BIBLISCHE ERZÄHLUNG

Die folgenden Schritte einer geistlichen Schriftlesung verdanken sich vor allem der Spiritualität des Ignatius von Loyola. Sie lassen sich gut auf alle erzählenden Texte der Bibel anwenden, zum Beispiel auf Abschnitte aus den Evangelien.

1. Schritt: Zeit und Ort festlegen.

Ich nehme mir eine feste Zeit am Tag vor, die ich auch einhalte. Gut ist es, wenn diese Zeit gleich am Beginn des Tages stehen kann, aber es kann auch der Abend sein oder die Mitte des Tages; jedenfalls eine Zeit, in der ich in der Regel ungestört bleiben kann. Ebenso empfiehlt sich ein fester Ort, eine bestimmte Sitzecke oder ein Gebetswinkel, den ich gestalten kann.

2. Schritt: Ankommen und da sein.

Ich setze mich hin, locker und unverkrampft. Man kann auch knien mit Hilfe eines Gebetshockers. Wichtig ist eine aufrechte Haltung, so dass ich frei atmen kann.

3. Schritt: Das Vorbereitungsgebet.

Nun spreche ich ein Gebet, am besten laut oder halblaut, so dass ich mich hören kann. Ich bitte Gott, mein Herz zu bereiten durch seinen Geist, mir sein Wort zu öffnen, so dass ich verstehe, was er mir dadurch sagen will.

4. Schritt: Den Text lesen.

Ich lese den biblischen Text langsam und laut, mehrmals, bis sich mir die Abfolge der Szenen, Handlungen und Worte ein wenig eingeprägt hat. Manchmal sperrt sich ein biblischer Text gegen ein rasches Begreifen. Hier kann ich Erläuterungen zu Rate ziehen.

5. Schritt: Die Vorstellungskraft einsetzen.

Ich versuche mir vorzustellen, wie es in der biblischen Geschichte zuging. Am Beispiel der Geschichte der Heilung des Bartimäus (Mk 10,46–52): Die Begegnung spielt am Ortsausgang von Jericho. Wie sieht es dort aus? Wie stelle ich mir eine orientalische Stadt vor? Wie bewegen sich die Menschen? Welche Atmosphäre ist zu spüren: Erwartung, Spannung? Denken die Menschen positiv über Jesus? Ich versuche, mit Auge, Ohr, Nase, Gefühl, mit allen Sinnen dabei zu sein, einen Film zu drehen.

6. Schritt: Mich einfügen. Wo komme ich vor?

Im Beispiel der Bartimäus-Geschichte: Bin ich einer von denen, die den Bettler wegen seines Geschreis zurechtweisen? Oder die ihn ermutigen, zu Jesus zu gehen? Oder bin ich selbst wie Bartimäus? Und was ist, wenn Jesus vor mir stehen bleibt und mich fragt: »Was willst du, dass ich für dich tun soll?« (Mk 10,51). Ich probiere verschiedene Situationen aus, bis ich die gefunden habe, die zu mir passt.

7. Schritt: Meine Empfindungen wahrnehmen.
Was fühle ich, wenn Jesus mich anspricht? Verlegenheit und Scham? Überraschung? Freude? Die Empfindungen können wechseln. Ich probiere die verschiedenen Situationen aus, bis ich die gefunden habe, die mein Empfinden besonders anspricht, die mir entspricht. Dabei verweile ich.

8. Schritt: Das Abschlussgebet.
Wenn ich mich aus der Betrachtung löse, stehe ich nicht sogleich auf und laufe davon, sondern spreche ein Abschlussgebet. Das können persönliche Formulierungen sein, die sich aus meinem Erleben ergeben. Es kann auch das Vaterunser sein, das ich langsam und bewusst als Ausdruck meiner Hingabe an Gott spreche.

Bruder Franziskus Joest (*1949), evangelischer Pfarrer der Jesus-Bruderschaft Gnadenthal[37]

LECTIO DIVINA: DIE BIBEL BETEN

Bibelbeten ist mehr als eine mönchische Art, mit der Heiligen Schrift umzugehen: Die Bibel ist nicht nur zu studieren (Rabbiner meinen, es gibt 70 Arten die Schrift auszulegen), sondern auch zu beten. Gott-Suchen ist für uns das Wichtigste im Leben. Der hl. Benedikt (um 480–547) spricht von »lectio divina« (göttliche bzw. geistliche Lesung), die jeden Tag zu pflegen ist, entweder gleich in der Früh, vor der ersten Mahlzeit oder am Abend nach getaner Arbeit. Jeder Mönch muss für sich im Tagesablauf den geeignetsten Zeitpunkt finden – und am leichtesten ist es, wenn man konsequent und regelmäßig zur selben Tageszeit mit der Bibel betet.

Die Methode ist uralt und findet sich in der Gebetslehre Jesu – der Kartäuser Guigo (†1193) hat sie nach Lk 11,9 (»Bittet und es wird euch gegeben; sucht und ihr werdet finden; klopft an und es wird euch aufgetan«) in fünf Schritten zusammengefasst: *lectio – meditatio – oratio – contemplatio – actio.*

- Täglich einige wenige Verse aus der Heiligen Schrift (Altes Testament und Neues Testament) lesen.
- Überlegen, was Gott mir sagen will.
- Gott betend Antwort geben und versuchen, mit ihm in ein Zwiegespräch zu kommen.
- Still bei Gott verweilen.
- Das Empfangene im Leben verwirklichen.

Diese fünf Stufen kann man sich leicht merken. Sie sind hilfreich für Menschen, die nicht viel Zeit haben und trotzdem intensiv mit Gott in Verbindung leben wollen.

1. Lesen

Lies zuerst den Text. Für den Anfang empfehle ich das Evangelium vom Tag, das die Liturgie vorschlägt. Es ist hilfreich, den Text nicht nur in Gedanken zu lesen, sondern ihn auch mit halblauter Stimme zu lesen – somit kannst du ihn auch hören. Jenen Satz oder Satzteil, der dich unmittelbar anspricht, lerne auswendig.

Es ist gut, wenn du dir ein »stilles Kämmerlein«, eine »Gebetsecke« dafür einrichtest – und sei es nur ein Stuhl oder Hocker in einer ungestörten, stillen Ecke. Mit dem Anzünden einer Kerze oder mit der Bitte um den heiligen Geist beginnt das Bibelbeten.

2. Meditieren

Das Lesen geht nahtlos in die Meditation über. Das langsame und bedächtige Lesen ermöglicht dir die Verinnerlichung des Gelesenen bzw. Gehörten. Es dringt ins Herz ein, wenn wir den Text »by heart« (auswendig) lernen.

Die frühen Mönche sprechen vom »Wiederkäuen eines Bibelverses«, von der »ruminatio«. Wie zum Beispiel eine Kuh, die ihre Nahrung immer wieder durch ihre vier Mägen nach oben kommen lässt und durchkaut, so soll auch der Bibelbeter immer dann – verteilt über den ganzen Tag, wenn Ruhe einkehrt – seinen Bibelvers, sein Losungswort für den Tag wieder hochkommen lassen, neu durchdenken und neu durchbeten: Was bedeutet das, was ich gerade gelesen habe, für mich? Wir kennen diese Haltung von der Mutter Jesu: »Maria aber bewahrte alle diese Worte und erwog sie in ihrem Herzen« (Lk 2,19) und »sann nach, was dies bedeuten solle« (vgl. Lk 1,29).

3. Beten

Wenn dir aus den vielen Worten also etwas besonders wichtig geworden ist, ist dies nun das Wort Gottes für den heutigen Tag – für dich persönlich! Gott lädt dich nun zu einer

Ant-Wort ein. Es entsteht ein Gespräch, ein Dialog mit Gott. Ich kann ihm Fragen stellen, ich darf ihn bitten, ich kann ihm danken. Das Wort, das mein Herz berührt hat, wird zum Herzensgebet. So entsteht ein Zwiegespräch »von Du zu Du«, so wie ein Freund mit seinem Freund spricht. Sei dankbar dafür!

4. Bei IHM verweilen

Nun brauchst du nur in Stille zu seinen Füßen sitzen. Gott beschenkt dich. Er ist da in seinem Wort. Er umgibt dich von allen Seiten. Er lässt dich Ruhe finden in seiner Gegenwart. Die Kontemplation ist ein intensiver Moment, den sich die Beterin bzw. der Beter nur schenken lassen kann.

5. Tun

»Handle danach und du wirst leben« (Lk 10,28), sagt Jesus. Das Wort Gottes will getan werden: »Jeder, der diese meine Worte hört und sie befolgt, gleicht einem klugen Mann ...« (Mt 7,24). Das Wort, das getan wird, verwandelt die Welt. Frère Roger Schutz (1915–2005), Gründer und erster Prior der ökumenischen Bruderschaft von Taizé sagte: »Lebe das, was du vom Evangelium verstanden hast. Und wenn es noch so wenig ist. Aber lebe es.«

P. Albert Groiß OSB (*1965), Mönch im Stift Altenburg[38]

Schritt 23 • Gedrucktes zur Bibel

Falls Sie Kontakt zu einer kirchlichen Gemeinde haben, dann können Sie auch, wenn es sich ergibt, die Seelsorger oder jemanden, der in der Pastoral mitarbeitet, befragen. Manches können sie sicher aufgrund ihrer Ausbildung beantworten – aber ein wandelndes Bibellexikon sind auch sie nicht. Und wenn Sie nach jedem Gottesdienst mit fünf Fragen vor der Kirchentür stehen, werden die Kollegen auf Dauer vielleicht auch nicht so glücklich über Ihr Interesse an der Bibel sein.

Natürlich gibt es aber noch andere Hilfen, auf die Sie zurückgreifen können! Eine erste Hilfe könnte es sein, einen Blick in die entsprechenden Fußnoten oder Anmerkungen in der Bibel selbst zu werfen – sofern Ihre Ausgabe darüber verfügt. Falls Ihnen zufällig die Einheitsübersetzung vorliegen sollte, dann schlagen Sie zum Beispiel Mt 15,10f auf und lesen Sie dann die entsprechende Anmerkung am Ende der Seite. Die mag vielleicht noch nicht alles erklären, gibt aber immerhin wichtige Hinweise.

Eine *Bibelausgabe mit einer kurzen Kommentierung* ist die Herder-Übersetzung mit Kommentar und Erläuterungen (© Verlag Herder); etwas ausführlicher ist der Kommentar in der »Neuen Jerusalemer Bibel« (© Verlag Herder). Einen umfangreichen Kommentar bieten das »Stuttgarter Alte Testament« und das »Stuttgarter Neue Testament« (© Katholisches Bibelwerk Stuttgart). Die drei zuletzt genannten Ausgaben haben als Text die Einheitsübersetzung.

In einem *Bibellexikon* werden Begriffe, Personen, Orte, Bücher, ... der Bibel erklärt; zum Beispiel »Herders Neues Bibellexikon« (© Verlag Herder).

Außerdem gibt es *Kommentare zu den einzelnen biblischen Büchern*. Diese sind natürlich besonders dann hilfreich, wenn Sie sich dazu entschieden haben, es mit einem konkreten Buch der Bibel zu probieren. Aber Vorsicht: Viele dieser Kommentare sind wissenschaftlich angelegt, von Theologen für Theologen. Die mögen ihren Wert haben, helfen aber »Erna Normalverbraucherin« und »Otto Normalverbraucher« nicht unbedingt weiter, wenn es darum geht, aus dem Lesen der Bibel Konsequenzen für das eigene Leben zu ziehen.

Als weiteres Hilfsmittel gibt es die *Konkordanz*, ein Buch, dass zu einem entsprechenden Stichwort alle Bibelstellen auflistet, zum Beispiel »Die neue Konkordanz zur Einheitsübersetzung« (© Katholisches Bibelwerk Stuttgart).

Neben Büchern unterstützen auch *Zeitschriften und andere Materialien* das Bibellesen. »Bibel heute« zum Beispiel ist eine gut lesbare Zeitschrift des Katholischen Bibelwerks in Stuttgart, die viermal im Jahr erscheint. Für Fortgeschrittene und archäologisch Interessierte ist besonders die Zeitschrift »Welt und Umwelt der Bibel« sehr zu empfehlen.

Aber all das ist eigentlich schon der nächste Schritt für die Könner, Liebhaber und »Feuer-gefangenen«. Denn Achtung: Durch zu viel(e) Kommentare, Verstehenwollen und begleitender Literatur kann man sich nämlich die eigentliche Botschaft des Wortes Gottes auch ganz gut vom Leibe halten.

TIPPS FÜR BIBELFORSCHER

- *Carl Alfred*, Jesus für Anfänger, München (Deutscher Katecheten-Verein) 2006, 150 Seiten
- *Hans Hauer/Franz Kogler*, Shalom – Judentum zum Kennenlernen, Linz (Bibelwerk) ²2011, 108 Seiten

- *Wilhelm Bruners*, Wie Jesus glauben lernte, Freiburg im Breisgau (Verlag Herder) 2012, 192 Seiten
- *Anselm Grün*, Die Bibel verstehen, Freiburg im Breisgau (Verlag Herder) 2011, 222 Seiten
- *Walter Kirchschläger*, Kleine Einführung in das Neue Testament, Stuttgart (Verlag Katholisches Bibelwerk) 2013, 288 Seiten
- Matthäus/Markus/Lukas/Johannes entdecken, Stuttgart (Katholisches Bibelwerk e.V.) 1995ff, je 142 Seiten
- *Juan Peter Miranda*, Kleine Einführung in die Geschichte Israels, Stuttgart (Verlag Katholisches Bibelwerk) 2002, 192 Seiten
- *Juan Peter Miranda*, Kleine Einführung in das Alte Testament, Stuttgart (Verlag Katholisches Bibelwerk) 2001, 144 Seiten
- *Uta Pohl-Patalong*, Zugänge zur Bibel. Reihe »Bibel verstehen«, Freiburg im Breisgau (Verlag Herder) 2013, 144 Seiten
- *Georg Steins*, Ist die Bibel wahr?, Stuttgart (Katholisches Bibelwerk e.V.) 2008, 44 Seiten
- *Reinhold Then*, Mit Paulus unterwegs, Stuttgart (Verlag Katholisches Bibelwerk) 2003, 328 Seiten
- *Franz Troyer*, Ihren Spuren folgen. Die Botschaft der biblischen Gestalten für Menschen von heute, Innsbruck (Verlag Tyrolia) 2013, 204 Seiten

Zeitschriften
- *Bibel heute* (Zeitschrift des Bibelwerks Stuttgart mit 4 Heften pro Jahr)
- *Welt und Umwelt der Bibel* (Zeitschrift des Bibelwerks Stuttgart mit 4 Heften pro Jahr)

Zu beziehen im Bibelwerk Linz, bibelshop@dioezese-linz.at (0043-732/7610-3231) oder in jeder Buchhandlung.

Bibel online

Bibel

Mit vielen Angeboten, Unterlagen, Downloads und Kursen fördert das Bibelwerk Linz in den verschiedenen Ebenen der Pastoral die Erschließung der Heiligen Schrift. Im umfangreichen Onlineshop finden Sie hilfreiche Bücher und Zeitschriften, zahlreiche Materialien zum besseren Verständnis der Bibel sowie Hinweise zu Apps und Infos zu Bibelübersetzungen.
- www.dioezese-linz.at/bibel – Bibelwerk Linz

Das Katholische Bibelwerk bietet verschiedene Zugangswege zur Bibel: zum Beispiel Projekte, Kurse und Materialien.
- www.bibelwerk.de – Bibelwerk Stuttgart
- www.bibelwerk.at – Österreichisches Katholisches Bibelwerk
- www.bibelwerk.ch – Schweizerisches Katholisches Bibelwerk

Die Bibelgesellschaft entspricht in der evangelischen Kirche dem Katholischen Bibelwerk. Eine Surfmöglichkeit in der Guten Nachricht und der Lutherbibel sowie diverses Bibelwissen ist hier online verfügbar.
- www.dbg.de
- www.bibelgesellschaft.at

Der katholische Pfarrer Jörg Sieger hat auf seiner Homepage unter anderem eine Einführung in die Bibel sowie umfangreiche Informationen zum Gottesdienst zusammengestellt.
- www.joerg-sieger.de

Bibel und Gottesdienst

Wer sich mit den Lesungstexten der Sonn- und Feiertage intensiver befassen und auf den Gottesdienst vorbereiten möchte, findet auf folgender Webseite wertvolle Vortragshinweise, Gedanken, Anregungen und Auslegungen.
- www.bibelwerk.de/home/sonntagslesungen

Diese Internetseite bietet gute Vorbereitungen und Hilfen für die Liturgie der Sonn- und Festtage.
- www.predigtforum.at

»Evangelium Tag für Tag« ist ein kostenloser Internet-Dienst: Jeden Morgen wird der Text des Evangeliums, der nach der Leseordnung der katholischen Kirche für den jeweiligen Tag vorgesehen ist, per E-Mail verschickt.
- www.evangeliumtagfuertag.org

Das Deutsche Liturgische Institut in Trier bietet eine umfangreiche Sammlung zur Liturgie, zahlreiche Informationen sowie die Möglichkeit, eine große Auswahl an Publikationen zu bestellen.
- www.liturgie.de

Newsletter

Monatliche Newsletter der Bibelwerke bieten kostenlos aktuelle Infos rund um die Bibel, Neues aus dem Bibelwerk, Termine zu biblischen Veranstaltungen sowie Hinweise auf interessante Neuerscheinungen.
- www.dioezese-linz.at/bibel
- www.bibelwerk.de

Schritt 25: Warum nicht mit anderen zusammen?

Manchmal ist es viel spannender, sich mit anderen auf den Weg in die Bibel zu machen. Nicht umsonst heißt eine der zentralen Aussagen des Neuen Testaments: »Wo zwei oder drei in meinem Namen zusammen sind, da bin ich mitten unter ihnen« (Mt 18,20). In vielen Gemeinden treffen sich Menschen regelmäßig, um miteinander die Bibel zu lesen und über die Aussagen miteinander ins Gespräch zu kommen, um miteinander den Glauben zu teilen. In anderen Gemeinden werden Bibelkurse angeboten, zum Beispiel in der Fastenzeit, die einen guten Einstieg bieten. Und falls in Ihrer Gemeinde dazu nichts angeboten werden sollte, dann regen Sie es doch einfach an!

Viele kirchliche Bildungshäuser bieten »Bibelwochenenden« oder biblische Grundkurse an. Auch das ist eine gute Möglichkeit, sich in einem zeitlich überschaubaren Rahmen einmal näher auf die Bibel einzulassen.

Und meistens lohnt es sich, in einer Gruppe, die »eigentlich« aus einem ganz anderen Grund zusammen gekommen ist, die Bibel ins Gespräch zu bringen, sei es als Impuls für die Pfarrgemeinderatssitzung oder zum Einstieg für das Treffen zur Organisation des Pfarrfestes.

Eine der einfachsten Möglichkeiten, mit denen man in Gruppen mit der Bibel arbeiten kann, ist das »Bibelteilen«, eine Methode, die aus Afrika ihren Weg zu uns gefunden hat.

Probieren Sie es doch einfach aus – ich kann Ihnen versprechen: Es wirkt!

Bibelteilen:
ein Weg, gemeinsam die Bibel zu lesen

1. Schritt: Sich Gott öffnen
Bibelteilen beginnt damit, Gott bewusst in unsere Mitte einzuladen. Das kann durch geprägte oder frei formulierte Gebete geschehen oder durch das gemeinsame Singen eines Liedes.

2. Schritt: Lesen und hören
Eine/r aus der Gruppe nennt die Bibelstelle, die zum Inhalt der gemeinsamen Betrachtung werden soll. Alle schlagen den Text in ihrer Bibel auf und lesen mit, während eine/r den Text laut vorträgt. Danach folgt eine Zeit der Stille von etwa drei bis fünf Minuten.

3. Schritt: Beim Text verweilen
In der Stille überlegt jede/r für sich, welcher Satz oder welches Wort des Bibeltextes ihn oder sie besonders angesprochen hat. Dieser Satz oder dieses Wort wird miteinander geteilt, indem er/es reihum laut in die Runde gesprochen wird – nicht hastig, sondern mit Stillezeiten dazwischen, damit alle das jeweils Geäußerte aufnehmen können.

4. Schritt: Schweigen
Nachdem jede/r die Möglichkeit hatte, ein oder mehrere Male Sätze oder Worte des Bibeltextes in die Runde zu sprechen, beginnt eine verabredete Zeit des Schweigens und der Stille (etwa drei bis fünf Minuten). Es empfiehlt sich, dass eine/r Beginn und Ende der Schweigezeit angibt (zum Beispiel mit einer Klangschale).

5. Schritt: Mit-Teilen
Jetzt hat jede/r die Möglichkeit, sich zu äußern, welcher Satz, welches Wort sie oder ihn angesprochen hat, was er/sie damit verbindet, auch was er/sie nicht versteht oder ärgerlich findet. An dieser Stelle ist es wichtig, dass jede/r zu Wort kommen kann, ohne zu diskutieren oder zu kommentieren.

6. Schritt: Über Gottes Weisung sprechen
Dieser Schritt erfordert Übung und muss nicht sofort und immer gelingen. Wichtig ist, sich darin einzuüben, welche Impulse für das konkrete Handeln des Einzelnen und der Gruppe, für Aufgaben und Aktionen sich aus dem Teilen des biblischen Wortes ergeben.

7. Schritt: Beten
Vom Gespräch miteinander soll das Bibelteilen zum Abschluss zum gemeinsamen Gebet führen: in der Stille des Herzens, laut voreinander, vielleicht auch durch ein gemeinsames Gebet (Vaterunser) oder Lied.

↬ Herr, bereitwillig will ich mich auf dein Wort einlassen.
Öffne meine Augen, meine Ohren und mein Denken,
damit ich dein Wort verstehe.
Öffne mein Herz, damit ich dein Wort
in den tiefen Schichten meines Lebens erfasse.
Öffne meine Hände, damit es mir gelingt, dein Wort
in mein Leben umzusetzen.
Für all das bitte ich um deinen lebensspendenden Geist.
Amen.

Franz Kogler (* 1958), Leiter des Bibelwerks Linz[39]

Linzer Bibellesekarte

1. Was gefällt mir an diesem Bibeltext?

2. Worüber bin ich verwundert beziehungsweise verärgert?

3. Was verstehe ich nicht?

4. Welche anderen Bibeltexte/Bilder/Motive fallen mir dazu ein?

5. In welchem Textzusammenhang steht der Bibeltext?

6. Was will der Bibeltext mir/uns sagen?

7. Welchen Satz nehme ich mir mit?

Die Fragen der *Linzer Bibellesekarte* eignen sich sehr gut zur persönlichen Vorbereitung auf ein Bibelgespräch oder einen Austausch über einen vereinbarten Bibeltext. Die unterschiedlichen Antworten der einzelnen Teilnehmenden ergänzen sich oft und werden als sehr bereichernd erlebt.[40]

BIBLIOLOG – MITEINANDER BIBLISCHE TEXTE ENTDECKEN

Bibliolog ist eine spannende und kreative Art und Weise, biblische Texte neu und anders zu entdecken, aus unseren festgefahrenen Blickwinkeln heraus zu kommen, diese scheinbar so alten und vertrauten Schriftstellen neu in unser Leben hinein zu buchstabieren. Und doch ist Bibliolog zugleich mehr als nur eine Methode – es ist eine Haltung, die davon ausgeht, dass wir uns der Wahrheit Gottes, die in diesen Texten verborgen ist, nur dann annähern können, wenn wir alle »unsere Wahrheiten« zusammenlegen. Jede/r hat etwas zu diesen Texten zu sagen, weil Bibel etwas mit unserem Leben zu tun hat. Und gerade deshalb dürfen biblische Texte – und auch deren Auslegung! – nicht nur Theologen, Predigern und Pastoren vorbehalten bleiben.

Mit Bibliolog kann man das Wort Gottes zu den Menschen bringen – und diese Art, mit biblischen Texten zu arbeiten, kann man mit zehn Leuten machen, aber auch mit 500. Bibliolog taugt für eine Stunde im Religionsunterricht oder als Einstiegsimpuls für eine Konferenz. Man kann ihn bei Exerzitien einsetzen oder als Predigt. All das geht mit Bibliolog. Und um das zu lernen, muss man nicht erst eine ganze Reihe von Ausbildungswochen absolvieren, sondern ein Grundkurs von einer Woche oder zwei Wochenenden reicht vollständig aus. Bibliolog wirkt auf eine leichte und lockere Art – und ist die Einladung, auch ganz einfach Spaß (in einem positiven Sinn) und Freude an der Arbeit mit biblischen Texten zu haben.

Wie »funktioniert« Bibliolog?

Man wählt eine Bibelstelle, erklärt den Ablauf, führt die Teilnehmer in die Geschichte ein und liest einen oder mehrere Verse. Dann lässt man die Teilnehmer in eine biblische Person »schlüpfen«, stellt an sie in dieser Rolle eine Frage und »sammelt« dann die Antworten ein. Und die können manchmal wirklich vollkommen überraschend sein – aber genau dadurch die Realität mit ins Spiel bringen.

Bei einem Bibliolog in Südafrika hatte ich die Heilung des blinden Bettlers als Text (Mk 10,46–51). Und in diesem Bibliolog fragte ich die Teilnehmer in der Rolle der Frau des geheilten Bettlers, wie es denn jetzt für sie wäre, dass ihr Mann geheilt sei. Und dann gab es eben auch die Antwort, dass sie jetzt vollkommen unglücklich wäre, denn sie würde die Rente für ihren blinden Mann verlieren. Das ist die Realität in Südafrika! Die Rente der Alten und Behinderten sichert manchmal das Überleben einer Familie.

Schwarzes Feuer und weißes Feuer

Bibliolog bringt die Erfahrungen der Teilnehmer ins Wort, ohne sie dabei in den Mittelpunkt zu rücken. Es geht darum, sich selbst im biblischen Text wiederzufinden, ihn nicht als ein »Gegenüber« oder ein »Damals und Dort« zu verstehen, sondern als ein »Hier und Jetzt« und »Ich«.

Dem Bibliolog geht es darum, biblische Texte für das eigene Leben zu erschließen. Es ist kein gruppendynamisches Training, in dem die Erfahrungen der Teilnehmer zum Mittelpunkt werden. Diese Erfahrungen laufen mit, sind durchaus erwünscht, aber stehen nicht im Zentrum.

Es geht um den Text, das »schwarze Feuer«. Und Bibliolog nimmt das sehr ernst. Der Text gilt.

Aber daneben gibt es ja viel »weißes Feuer« – vieles, das nicht gesagt wird und offen ist.

Die biblischen Texte sind sozusagen verdichtete Erfahrungen, die Menschen mit ihrem Gott gemacht haben. Menschen erfahren und erleben etwas – und in der Verschriftlichung in der Bibel ver-dichtet sich das Ganze. Bibliolog und die unterschiedlichsten Antworten fächern diese verdichteten Erfahrungen wieder auf. Zentrales Element bei dieser Arbeit mit biblischen Texten, zumindest in der Grundform, ist das »echoing«: Der Leiter gibt die Beiträge der Teilnehmer mit seinen eigenen Worten nochmals wieder. Das verlangsamt das Geschehen und erzeugt damit auch Intensität und Tiefe. In größeren Gruppen wird das Gesagte damit für alle hörbar – und die Aussage wird entsprechend wertgeschätzt. Beim Bibliolog gibt es nicht »richtige« und »falsche« Antworten, denn Menschen können die objektiv gleiche Situation durchaus sehr unterschiedlich erleben. Was dem einen Angst macht, ist für den anderen willkommene Herausforderung. Und das darf durchaus so sein.

Leichtigkeit und Tiefe

Auf den ersten Blick wirkt Bibliolog leicht – und das stimmt schon irgendwie, man »verbeißt« sich nicht in etwas, streitet nicht über die richtige oder falsche Auslegung, und manche Antwort ist so ungewöhnlich und originell, dass schallend gelacht wird. Und doch kann Bibliolog sehr tief gehen und ermöglicht intensive Erfahrungen. Darüber aber entscheiden die Teilnehmer selbst, was sie an Erfahrungen zulassen oder abwehren.

Nähere Informationen zu Bibliolog und Termine für Grundkurse finden Sie auf der Homepage www.bibliolog.de – und auch Ansprechpartner in Ihrer Nähe.

Lust auf die Bibel

Es könnte ja sein, dass wir Ihnen jetzt tatsächlich Lust auf die Bibel gemacht haben. Deshalb für alle Fälle noch fünf Tricks, um dem Bibellesen erfolgreich zu entkommen. Und die Einwände legen wir gleich dazu, damit Sie sich schon für eventuelle Nachfragen wappnen können:

1. Nehmen Sie sich zu viel vor – die ganze Bibel in einem Vierteljahr oder so.
Das könnte deshalb klappen, weil Sie damit die Bibel unterschätzen – und spätestens nach vier Wochen aufgeben.
   Aber: Die Bibel ist kein Krimi, sondern ein »Lebensbegleitbuch« – und will deshalb lebensbegleitend gelesen werden …

2. Nehmen Sie sich zu wenig vor. Bibellesen? Naja, dann, wenn ich es brauche.
Auch das kann funktionieren.
   Aber: Die Bibel taugt nicht nur für besonders schöne oder schwere Stunden, sondern sie will im alltäglichen Leben der Menschen präsent sein. Oder anders gesagt: Schwimmen sollte man lernen, bevor man in Gefahr gerät zu ertrinken.

3. Delegieren Sie es an die »Profis«. Sollen sich doch die damit befassen, die das gelernt haben!
Zugegeben: Das ist eine gute Idee!
   Aber: Damit entwerten Sie die Bibel – und Sie entwerten sich selbst. Jesus hat die Botschaft von einem befreienden und liebenden Gott allen Menschen verkündet, zum Beispiel Fischern, Handwerkern, Bauern – und nicht in erster Linie den Theologen der damaligen Zeit. Das Wort Gottes gilt Ihnen – ohne Wenn und Aber.

4. Legen Sie die Bibel weg, wenn Sie eine Stelle nicht verstehen!
Klappt in der Regel auch ganz gut und normalerweise ziemlich schnell.

Aber: Wenn Sie etwas an Ihrem Ehepartner, Ihrem Freund nicht verstehen, legen Sie ihn deswegen etwa zur Seite – oder versuchen Sie nicht vielmehr immer wieder, ihn zu verstehen?

5. Wenn Sie merken, dass Ihnen ein Text aus der Bibel zu nahe kommt, Sie zu Konsequenzen, zum Handeln verführt – verschenken Sie die Bibel einfach! Und legen Sie dieses Buch am besten gleich noch dazu.
Ist natürlich ein etwas radikaler Weg – »aus den Augen, aus dem Sinn«.

Aber: Das Dumme daran ist - selbst wenn Sie dieses Buch, und die Bibel noch dazu, verschenken, könnte es sein, dass schon das eine oder andere in Ihr Herz »gesickert« ist. Und dann nutzt es nicht mehr viel, einfach die Augen zuzumachen und so zu tun, als gäbe es die Bibel nicht.

Na ja, wenn alle diese Tricks sowieso nicht helfen, dann brauchen Sie es damit ja auch gar nicht erst zu probieren ... Und so verabschiede ich mich mit einem leichten Schmunzeln von Ihnen und wünsche einfach: Also dann: Viel Lust auf die Bibel!

Nachwort des Bibelwerks Linz

Wir müssen Sie jetzt leider alleine lassen auf Ihrem weiteren Weg mit der Bibel. Schade eigentlich – wir wären durchaus neugierig, was Sie aus den Impulsen machen und ob es gelungen ist, Ihnen Lust auf die Bibel zu machen. Das war unser Ziel mit diesem Buch, nicht mehr und nicht weniger.

Wir danken Andrea Schwarz ganz herzlich, die ihr Buch für die Neuauflage überarbeitet hat. Sie hat uns eingeladen, aus unserem bibelpastoralen Blickwinkel ihre Überlegungen zu ergänzen. Gerade für Neulinge in Sachen Bibel war dieses Buch stets unser erster Tipp – und wird es jetzt auch in Zukunft wieder sein.

Den Leserinnen und Lesern dieses Buches, also Ihnen, wünschen wir, dass Sie in den überlieferten Worten der Bibel die Aktualität für heute erfahren dürfen als Worte, die bewegen, treffen, stärken, trösten, herausfordern – und so die Bibel als Weg- und Lebensbegleiterin entdecken.

Nach dem Lesen dieses Buches liegt Ihre Bibel sozusagen im Stand-by-Modus vor Ihnen. Nur wer die Bibel (regelmäßig) öffnet, kann daraus auch Kraft schöpfen. Und dazu wollen wir ermutigen.

Wer sich auf einen biblischen Weg aufmacht oder es tun möchte, findet bei uns im Bibelwerk Linz verschiedenste Angebote: Kurse für den Einstieg, weiterführende Literatur, spielerische Zugänge, methodische Ideen, einen monatlichen Newsletter, unsere vierteljährliche Zeitschrift »Linzer Bibelsaat«. Wir laden Sie ein, sich auf unserer Homepage zu informieren und die dort angebotenen Downloads zu nutzen: www.dioezese-linz.at/bibel.

Weiterführendes Material zu diesem Buch finden Sie unter: www.bibel.or.at/25schritte.

Sehr freuen wir uns über Zuschriften, in denen Sie uns Ihre Erfahrungen mit diesem Buch mitteilen. Schreiben Sie an: bibelwerk@dioezese-linz.at oder Bibelwerk Linz, Kapuzinerstraße 84, 4020 Linz, Österreich.

Viel Freude beim Entdecken der Bibel wünschen

Ingrid Penner und Franz Kogler

AM ENDE DIE RECHNUNG

Einmal wird uns gewiss
die Rechnung präsentiert
für den Sonnenschein
und das Rauschen der Blätter,
die sanften Maiglöckchen
und die dunklen Tannen,
für den Schnee und den Wind,
den Vogelgesang und das Gras
und die Schmetterlinge,
für die Luft, die wir geatmet haben,
und den Blick auf die Sterne
und für all die Tage, die Abende und die Nächte.
Einmal wird es Zeit,
dass wir aufbrechen und bezahlen:
Bitte die Rechnung!
Doch wir haben sie ohne den Wirt gemacht:
Ich habe euch eingeladen,
sagt der und lacht, soweit die Erde reicht:
Es war mir ein Vergnügen!

Lothar Zenetti (*1926), katholischer Theologe und Schriftsteller[41]

Quellenhinweise und Anmerkungen

1 *Kardinal Carlo M. Martini,* in: Wilhelm Egger, Freude am Wort Gottes, Linz 1990, 18.
2 *Michael Ende,* Michael Endes Zettelkasten – Skizzen und Notizen, München 2011, 250. © Piper Verlag GmbH, München.
3 © Rechte beim Autor.
4 Aus: *Franz Kogler* (Hg), Herders Neues Bibellexikon, Freiburg im Breisgau 1989, 93. © Verlag Herder GmbH / Bibelwerk Linz.
5 *Kurt Marti,* Die gesellige Gottheit. Ein Diskurs, Stuttgart ²1993, 10-12. © Radius-Verlag, Stuttgart
6 *Paul Claudel,* L'Ecriture Sainte, in: La vie intellectuelle 16 (1948) 10.
7 Aus: *Paul Weismantel,* Quelle des Heils. Fastenkalender 2013, Würzburg 2013, 8. © beim Autor.
8 Aus: *Antoine de Saint-Exupéry,* Der kleine Prinz. Ins Deutsche übertragen von Grete und Josef Leitgeb, Düsseldorf 1989, 72. © 1950 und 2012 Karl-Rauch-Verlag, Düsseldorf.
9 *Karl Barth,* Die neue Welt der Bibel (1917), in: ders., Vorträge und kleinere Arbeiten (1914–1921), Zürich 2012, 317-343, 323. © TVZ Verlag, Zürich.
10 *Athanasius*, Brief an Marcellinus 31.
11 Aus: *Magnificat,* April 2012, Kevelaer 2012, 153. © bei der Autorin.
12 © Bibelwerk Linz.
13 Autor und Quelle unbekannt – auch wenn der Ausspruch immer wieder dem amerikanischen Schriftsteller *Mark Twain* (1835-1910) zugeschrieben wird.
14 Vgl. *Pinchas Lapide,* Ist die Bibel richtig übersetzt?, Gütersloh ³1989, 12. © Rechte bei Ruth Lapide.
15 Anonym erstmals (auf Englisch) im Internet im Mai 2000 veröffentlicht; Autor bis heute unbekannt.
16 © Bibelwerk Linz; vgl. dazu das Dokument der Päpstlichen Bibelkommission: Die Interpretation der Bibel in der Kirche (Verlautbarungen des Apostolischen Stuhls, 115), Rom 1993, 55-63.
17 *Anselm Grün,* Die Bibel. Aus der Heiligen Schrift des Alten und Neuen Bundes. Einführungen und Meditationen von Anselm Grün, Freiburg im Breisgau 2002. © Verlag Herder GmbH, Freiburg im Breisgau.

18 *Erich Zenger*, Psalmen. Auslegungen in zwei Bänden. Band I: Mit meinem Gott überspringe ich Mauern, Freiburg im Breisgau 2011, 10. © Verlag Herder GmbH, Freiburg im Breisgau.
19 Reinhold Stecher, Botschaft der Berge, Innsbruck–Wien 131999, 44–45. © Verlag Tyrolia.
20 Zitiert nach: *Anton Rotzetter*, Am Morgen einer neuen Zeit. Spirituelle Schriftlesung des Markus-Evangeliums, Freiburg im Breisgau 2002, 29–30. © Verlag Herder GmbH, Freiburg im Breisgau.
21 Aus: Helmut Gabel, Was heilt, hat Recht, in: Bibel und Kirche 68 (2013) 156–162, 162. © Katholisches Bibelwerk Stuttgart e. V., Stuttgart.
22 *Reinhard Körner*, Jesus für Kleinbauern. Und solche, die es werden wollen, Münsterschwarzach 2008, 6–7. © Vier-Türme Verlag GmbH, Münsterschwarzach.
23 Aus: *Joachim Wanke*, Worte des Lebens für Menschen von heute. Dokumentation eines Vortrages auf der Vollversammlung der Deutschen Bibelgesellschaft am 28. Mai 2002 in Magdeburg.
24 © Bibelwerk Linz.
25 © Bibelwerk Linz.
26 *Heribert Fischedick*, Von einem, der auszog, das Leben zu lernen, München ³1991, Seite 114. © Verlag Kösel, München, in der Verlagsgruppe Random House, München.
27 Diese Sicht der Zehn Gebote geht auf eine handschriftliche Tagebucheintragung von P. Werner Holter SJ aus dem Jahr 1982 bei Exerzitien in Berlin zurück. © Bibelwerk Linz.
28 Aus: *Andrea Schwarz*, Eigentlich ist Ostern ganz anders. Hoffnungstexte, Freiburg im Breisgau 2009, 123. © Verlag Herder GmbH, Freiburg im Breisgau.
29 Aus: *Luzia Sutter-Rehmann – Sabine Bieberstein – Ulrike Metternich (Hgg.)*, Sich dem Leben in die Arme werfen. Auferstehungserfahrungen, Gütersloh 2002, 9. © Gütersloher Verlagshaus, Gütersloh, in der Verlagsgruppe Random House, München.
30 *Fridolin Stier*, Vielleicht ist irgendwo Tag. Aufzeichnungen, Heidelberg ⁵1986, 26–27. © Verlag Kerle.
31 Aus: Beten im Alltag, Frankfurt am Main 2010, 181. © Verlag action 365, Frankfurt am Main.
32 © Bibelwerk Linz.
33 *Kurt Tucholsky*, Schnipsel, in: Die Weltbühne, 3. Februar 1931, 185.
34 © Bibelwerk Linz.

35 Homilien zu Ezechiel 1,7,8 (vgl. Katechismus der Katholischen Kirche 94).
36 © Bibelwerk Linz.
37 Aus: *Franziskus Joest*, Schritte einer geistlichen Markus-Lesung, in: Margot Käßmann / Joachim Wanke, Erfüllt ist die Zeit, Freiburg im Breisgau 2005, 16-17. © Verlag Herder GmbH, Freiburg im Breisgau.
38 © Bibelwerk Linz.
39 Aus: *Franz Kogler,* Gebete vor dem Bibellesen, in: ders., Tägliche Begegnung mit dem Wort Gottes. Bibelleseplan, Linz 1992, 6. © Bibelwerk Linz.
40 *Franz Kogler* © Bibelwerk Linz.
41 Aus: *Lothar Zenetti*, Auf seiner Spur. Texte gläubiger Zuversicht, 198. © Matthias-Grünewald-Verlag der Schwabenverlag AG, Ostfildern 2011. www.verlagsgruppe-patmos.de.

Abbildungen

Die Cartoons in diesem Band sind entnommen aus *Thomas Plaßmann*, Bitte folgen. Neue Cartoons über Gott und die Welt. Herausgegeben von Ulrich Sander, 2004. © Verlag Herder GmbH, Freiburg im Breisgau.

Zu den Fotos:
15 © misterQM/photocase.com
43 © SeleneosZ/photocase.com
83 © o-zero/photocase.com
97 © zettberlin/photocase.com
103 © sigur/shutterstock.com
112 © Stefan Weigand

Alle anderen Fotos:
Abdruckrechte wurden eingeholt vom Bibelwerk Linz.

Die Autoren

Andrea Schwarz, geb. 1955, ausgebildete Industriekauffrau und Sozialpädagogin, viele Jahre in der Gemeindearbeit in Viernheim bei Mannheim sowie ehrenamtlich bei Projekten der Mariannhiller Schwestern in Südafrika, heute als gefragte Referentin und Bibliolog-Ausbilderin tätig. Sie ist pastorale Mitarbeiterin im Bistum Osnabrück und wohnt in Steinbild im Emsland. Andrea Schwarz gehört zu den meistgelesenen christlichen Schriftstellern unserer Zeit.

Franz Kogler, geb. 1958, studierte nach seiner technischen Ausbildung Theologie in Linz, wo er zunächst als Assistent für Neues Testament und als Pastoralassistent wirkte. Er lebt in Scharnstein/Oberösterreich, ist verheiratet und hat drei Kinder. Seit vielen Jahren leitet er mit einem engagierten Team das Bibelwerk Linz, mit dem er mehrere biblische Fernkurse erarbeitet hat, eine große Wanderbibelausstellung (Expedition Bibel) produzierte, zahlreiche bibelpastorale Produkte, religiöse Computerspiele und Herders neues Bibellexikon herausgegeben hat.

Ingrid Penner, geb. 1960, wohnt in Schwertberg und ist Mutter zweier erwachsener Söhne. Die ursprünglich diplomierte Medizinisch-Technische Analytikerin entdeckte im zweiten Bildungsweg die Bibel für sich. Neben dem Wiener Theologischen Fernkurs und einem Teil des Theologiestudiums absolvierte sie noch Ausbildungen in der Erwachsenenbildung (Fachbereich Bibel), in Bibliodrama und Bibliolog und begleitet seit 1993 biblische Grundkurse und Seminare in Bildungshäusern und Pfarrgemeinden. Seit 2003 arbeitet sie als Referentin im Bibelwerk Linz.

Persönliches Stichwortverzeichnis

Linzer Bibelsaat

BIBELWERK LINZ

Für Bibelinteressierte wird viermal jährlich eine Bibelzeitung mit zahlreichen Anregungen zum Bibellesen und aktuellen Informationen angeboten (für Österreich kostenlos, Abo-Preis für Deutschland und Schweiz: € 15,--).
Die Bibelsaat ist auch kostenlos als Download verfügbar:
www.dioezese-linz.at/bibel.

Kostenloser Bibel-Newsletter

Neben aktuellen bibelpastoralen Neuigkeiten werden darin neue biblische Bücher und Arbeitsmaterialien vorgestellt. Mit einem Besuch auf der Homepage www.dioezese-linz.at/bibel lässt sich der Newsletter ganz einfach abonnieren.

Biblisches Sonntagsblatt für Erwachsene

Mit dem Biblischen Sonntagsblatt kann das Evangelium, die frohe Botschaft, besser wahrgenommen und durch die Woche mitgenommen werden. Für jeden Sonntag ein färbig gestaltetes Blatt (gefaltet auf A5):

- ➤ Text des Sonntagsevangeliums
- ➤ Kurzkommentar zum Evangelium
- ➤ vertiefender Text und Impulsfragen
- ➤ weiterführende Gedanken für die Woche

Biblisches Sonntagsblatt, Bibelwerk Linz, Einzelabo (digital oder gedruckt: 56 Blätter pro Lesejahr), je € 28,50

Fernkurs »Gebet--Spiritualität«

BIBELWERK LINZ

Acht sehr ansprechend (vierfärbig) aufbereitete Hefte (mit jeweils ca. 24 Seiten) in einer Mappe. Diese bieten neben grundlegenden Einführungen eine Vielzahl von Bildern, Gebeten und Impulsen. Eine Einladung, sich selbst ins Gebet hineinnehmen zu lassen.
Mappe mit 8 Heften € 30,--
als Fernkurs (mit Fragebögen und Betreuung) € 45,--

CD-ROM Bibelspiele 3.0

Mit Quiz, Glücksrad, Memory, Puzzles und Dalli Klick kann hier das biblische Wissen getestet werden. Zusätzlich gibt es bei jeder Frage die Möglichkeit, digital in der Einheitsübersetzung (direkt auf der CD-ROM enthalten) die Lösung zu suchen.
CD-ROM Bibelspiele 3.0 (inkl. Anleitungsheft), € 15,--

SHALOM – Judentum zum Kennenlernen

Diese vierfärbige Broschüre bietet einen guten Überblick über die jüdische Lebenswelt, über jüdische Traditionen, Vorschriften, Feste, Gebete und Rituale. Zahlreiche Fotos und Illustrationen führen das heutige Judentum ansprechend vor Augen und erleichtern wesentlich das Kennenlernen »unserer älteren Geschwister«.
Hans Hauer/Franz Kogler, Shalom! Judentum zum Kennenlernen, Linz ²2011, 108 Seiten, € 9,80

Bestelladresse für alle Produkte des Bibelwerks Linz:
bibelshop@dioezese-linz.at; 0043/732/7610-3231

Der aktuellste Atlas zur Bibel

- **Großformat 24,0 x 32,0 cm**
- **Opulent ausgestattet: Über 800 Karten und Bilder, Stadtpläne und Grafiken**
- **Auf dem neuesten Forschungsstand**

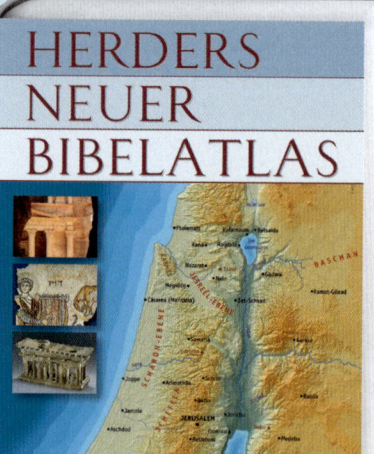

Herders neuer Bibelatlas
Hg. von Wolfgang Zwickel,
Renate Egger-Wenzel, Michael Ernst
Durchgehend vierfarbig illustriert
24,0 x 32,0 cm | 400 Seiten | Gebunden
ISBN 978-3-451-32350-8

Herders neuer Bibelatlas ist übersichtlich gegliedert, hochwertig ausgestattet und liefert umfangreiche Informationen in eindrucksvoller Gestaltung.

In jeder Buchhandlung

HERDER
Lesen ist Leben

www.herder.de

Andrea Schwarz im Verlag Herder

Mehr leben! | Eine Auszeit mit dem Propheten Elija

180 Seiten | Gebunden mit Leseband | ISBN 978-3-451-32370-6

Biblische Hilfe bei Burnout. Andrea Schwarz lädt dazu ein, sich eine persönliche Auszeit zu nehmen. Überraschend aktuell erschließt die Autorin die Erzählungen zum Propheten Elija: Es ist die Geschichte eines Wegs aus dem Gefühl der Erschöpfung und des Burnout zu neuem Leben.

Unterwegs mit einem Engel | Mit dem Buch Tobit durch die Fastenzeit bis Ostern

160 Seiten | Gebunden mit Leseband | ISBN 978-3-451-32317-1

In vierzig täglichen Impulsen begleitet das Buch durch die Fastenzeit bis Ostern und erschließt die biblische Erzählung des Buches Tobit für unsere Zeit: Es ist die Geschichte eines Wegs zu neuem Leben, begleitet von guten Mächten. Das Buch hilft, Lebensschritte zu gehen, damit im eigenen Leben Ostern werden kann – jeden Tag ein wenig mehr.

Eigentlich ist Ostern ganz anders | Hoffnungstexte

160 Seiten | Gebunden mit Leseband | ISBN 978-3-451-32191-7

Eine Einladung, das Osterfest neu zu entdecken. Alltagsnah und ehrlich, behutsam und zupackend ermutigt Andrea Schwarz ihre Leser dazu, sich den Dunkelheiten des Lebens zu stellen und offen zu werden für Auferstehung und neues Leben. Ein Leben, das vielleicht auf ganz verblüffende und unerwartete Weise erfahren werden will.

Du Gott des Weges segne uns | Gebete und Meditationen

192 Seiten | Flexcover mit Leseband | ISBN 978-3-451-32099-6

Dieses Gebetbuch versammelt bekannte und beliebte, zum Teil auch unveröffentlichte Gebetstexte von Andrea Schwarz aus über zwei Jahrzehnten in einem Band.

HERDER

Ein tanzender Stern| Von Chaos, Ordnung und dem wahren Leben

208 Seiten | Gebunden | ISBN 978-3-451-30588-7

Spannung hält uns lebendig. Leben spielt sich immer zwischen Gegensatz-Polen ab, zwischen Chaos und Ordnung. Andrea Schwarz schreibt über die notwendige Fähigkeit, mit Gegensätzen zu leben und Spannungen fruchtbar zu machen: damit das Leben lebendig bleibt. Vollständig überarbeitete Neuausgabe des Longsellers »Wenn Chaos Ordnung ist«.

Bleib dem Leben auf der Spur | Unterwegs nach Afrika

210 Seiten | Gebunden mit Leseband | ISBN 978-3-451-32326-3

2009 bis 2012 verlegt Andrea Schwarz ihren Lebensschwerpunkt nach Südafrika. Neuausgabe des autobiografischen spirituellen Bandes »Bleib dem Leben auf der Spur«, aktualisiert um Erfahrungen, die die Autorin in ihrem zeitweiligen Lebensschwerpunkt Südafrika gemacht hat.

Wenn die Orte ausgehen, bleibt die Sehnsucht nach Heimat

Fragmente einer geerbten Geschichte

112 Seiten | Gebunden mit Schutzumschlag | ISBN 978-3-451-32192-4

Nachdem beide Eltern gestorben sind, entdeckt Andrea Schwarz im Nachlass ihrer Mutter eine Brieftasche aus einem dänischen Internierungslager für deutsche Flüchtlinge. Andrea Schwarz spürt nach, wie diese »geerbte Geschichte« ihr eigenes Leben geprägt hat.

Und jeden Tag mehr leben | Jahreslesebuch

400 Seiten | Gebunden mit Leseband | ISBN 978-3-451-32169-6

Diese Texte für jeden Tag des Jahres machen Mut, dem eigenen Leben Zeit und Aufmerksamkeit zu schenken. Auf sehr persönliche Weise bringen sie den Glauben als eine Einladung nahe, eigene Schritte ins Leben zu wagen, damit aus Zeit – Leben wird.

HERDER

Das Andrea-Schwarz-Lesebuch

Hg. von Ulrich Sander

240 Seiten | Herder Spektrum Taschenbuch | ISBN 978-3-451-06566-8

Andrea Schwarz gehört zu den meistgelesenen christlichen Autoren unserer Zeit. Was ist ihr Geheimnis? Von einer Zeitschrift befragt, von welchem Leben sie heimlich träume, antwortete sie: »Ich träume öffentlich.« Ihre Gedichte, Betrachtungen, Geschichten und Märchen sind Träume, die sie mit anderen teilt. Sie folgt der Spur der Sehnsucht im Leben und findet eine zeitgenössische und atemberaubend ehrliche Sprache.

Der kleine Drache Hab-mich-lieb | Ein Märchen für große Leute

128 Seiten | Gebunden mit Leseband | ISBN 978-3-451-32004-0

Das von Thomas Plaßmann illustrierte Märchen von der kleinen Drachendame Hab-mich-lieb und dem Zauberer Moya macht Mut, der eigenen Sehnsucht zu vertrauen.

Kater sind eben so | Neues vom kleinen Drachen Hab-mich-lieb

144 Seiten | Gebunden mit Leseband | ISBN 978-3-451-33249-4

In der Fortsetzung des beliebten Märchens verliebt sich die kleine Drachendame in den eigenwilligen, aber unverbesserlich liebenswerten Kater Ferdinand! Ein Märchen über Freundschaft und Liebe.

Lass deine Seele atmen | Über das Leben und die Liebe

64 Seiten | Mit Fotografien von Hildegard Morian | ISBN 978-3-451-32476-5

Der eigenen Sehnsucht trauen, das Herz öffnen für neue Erfahrungen, der Liebe eine Chance geben, die Seele atmen lassen. Ein liebevolles Geschenk – für sich selbst und für andere.

HERDER

Die Erstausgabe erschien 2004 unter dem Titel
Die Bibel verstehen in 25 Schritten
Das vorliegende Buch ist eine vollständig
überarbeitete Neuausgabe.

© Verlag Herder GmbH, Freiburg im Breisgau 2014
www.herder.de
Alle Rechte vorbehalten

Umschlagmotiv: © Galyna Andrushko / shutterstock.com
Gesamtgestaltung: wunderlichundweigand
Herstellung: Graspo CZ, Zlín

Printed in the Czech Republic

ISBN 978-3-451-30689-1